취미의
발견
―
1
처음 양모인형

처음 양모인형

: 니들 펠트로 '빨강 머리 앤', '어린 왕자' 등 동화 속 주인공 만들기

초판 발행 2017년 4월 17일

지은이 이민종 / **펴낸이** 김태헌
총괄 임규근 / **책임편집** 권형숙 / **기획·편집** 김지수 / **교정** 박성숙
디자인 김아란 / **사진** 에보니 앤 아이보리, 율 스튜디오 / **스타일링** 김정아, 김윤진
영업 문윤식, 조유미 / **마케팅** 박상용, 송경석, 조승모, 변지영 / **제작** 박성우, 김정우
펴낸곳 한빛라이프 / **주소** 서울시 마포구 양화로 7길 83 한빛빌딩 3층
전화 02-336-7129 / **팩스** 02-336-7124
등록 2013년 11월 14일 제2013-000350호 / **ISBN** 979-11-88007-01-1 14630 / 979-11-88007-02-8(세트)

한빛라이프는 한빛미디어(주)의 실용 브랜드로 우리의 일상을 환히 비추는 책을 펴냅니다.

이 책에 대한 의견이나 오탈자 및 잘못된 내용에 대한 수정 정보는 한빛미디어(주)의 홈페이지나 아래 이메일로
알려 주십시오. 잘못된 책은 구입하신 서점에서 교환해 드립니다. 책값은 뒤표지에 표시되어 있습니다.
한빛미디어 홈페이지 www.hanbit.co.kr / 이메일 ask_life@hanbit.co.kr
한빛라이프 페이스북 @hanbit.pub / 인스타그램 @hanbit.pub

Published by HANBIT Media, Inc. Printed in Korea
Copyright © 2017 이민종 & HANBIT Media, Inc.
이 책의 저작권은 이민종과 한빛미디어(주)에 있습니다.
저작권법에 의해 보호를 받는 저작물이므로 무단 복제 및 무단 전재를 금합니다.

지금 하지 않으면 할 수 없는 일이 있습니다.
책으로 펴내고 싶은 아이디어나 원고를 메일(writer@hanbit.co.kr)로 보내 주세요.
한빛라이프는 여러분의 소중한 경험과 지식을 기다리고 있습니다.

처음 양모인형

· NEEDLE FELT ·

니들 펠트로 '빨강 머리 앤', '어린 왕자' 등 동화 속 주인공 만들기

이민종(미튠스튜디오) 지음

한빛라이프

· CONTENTS ·

Prologue **7**

이상한 나라의 앨리스 **9** | 빨강 머리 앤 **10** | 브레멘 음악대 **11**
골디락스와 세 마리 곰 **13** | 늑대와 일곱 마리 아기 염소 **14** | 장화 신은 고양이 **16**
아기 돼지 삼 형제 **17** | 피노키오 **18** | 빨간 모자 **19**
말괄량이 삐삐 **20** | 오즈의 마법사 **21** | 어린 왕자 **22**

PART 1
양모와 바늘로 기본 준비 끝!

재료와 도구 **26**
양모 | 양모 이외의 재료 | 도구

양모 다루기의 기본 **29**
니들 펠트의 특성 | 바늘 다루는 법 | 양모 뽑기 | 양모 색 섞기

인형 만들기의 기본 기법 **33**
덩어리 만들기 | 원단 만들기 | 털 만들기 | 가는 선 만들기
손 만들기 | 울콘 만들기

PART 2
기본 인형 만들기

40
이상한 나라의 앨리스
시계토끼

43
이상한 나라의 앨리스
앨리스

46
어린 왕자
사막여우

50
골디락스와 세 마리 곰
아기 곰

55
말괄량이 삐삐
삐삐

PART 3
응용해서 만들기

62
이상한 나라의 앨리스
모자장수

64
빨강 머리 앤
앤

66
빨강 머리 앤
다이애나

68
브레멘 음악대
당나귀

71
브레멘 음악대
닭

73
골디락스와 세 마리 곰
아빠 곰

76
골디락스와 세 마리 곰
엄마 곰

78
늑대와 일곱 마리 아기 염소
아기 염소

80
장화 신은 고양이
고양이

82
장화 신은 고양이
장화

84
아기 돼지 삼 형제
아기 돼지

86
피노키오
피노키오

90
빨간 모자
빨간 모자 소녀

93
빨간 모자
늑대

95
말괄량이 삐삐
원숭이 닐슨

98
오즈의 마법사
도로시

101
오즈의 마법사
겁쟁이 사자

103
어린 왕자
어린 왕자

Epilogue 106

· PROLOGUE ·

세상에서 가장 따뜻하고
포근한 인형 만들기

양모 펠트 공예는 양모 섬유 끝에 있는 얇은 비늘들이 열이나 마찰을 통해 수축되는 성질을 이용합니다. 따뜻한 비눗물로 수축시켜 원단처럼 만들 수도, 펠트용 바늘로 마찰을 일으켜 수축시킬 수도 있습니다. 양모인형은 펠트용 바늘로 콕콕 찔러 양모를 뭉치고 붙여 만듭니다. 바늘 하나로 이음새 없이 온전한 형태를 만드는 마법 같은 작업이지요. 패턴이 없기 때문에 만드는 사람마다 다르게 표현할 수 있어 개성 있는 작품을 만들 수 있습니다.

이 책에서는 뼈대 없이 양모의 종류와 풍부한 색감만을 활용해서 만드는 작은 인형부터 뼈대를 넣어 자유롭게 연출할 수 있는 인형까지 폭넓게 소개합니다. 양모와 잘 어울리는 양모 실과 모직 원단, 여러 부자재를 사용해 인형의 느낌을 좀 더 풍부하게 표현하고 아기자기한 디테일을 살릴 수 있는 방법도 제안합니다.

물론 처음에는 날카로운 바늘이 익숙지 않아 원하는 모양대로 만들어지지 않을 수도 있습니다. 또한 바늘 하나로 작업하기 때문에 시간이 오래 걸려 힘이 들 수도 있습니다. 그러나 마음의 여유를 가지고 꾸준히 하다 보면 양모와 바늘에 익숙해지고, 어느새 부드러운 양모를 보고 만지는 것만으로도 편안함을 느낄 수 있을 거예요. 그리고 양모의 매력에 빠질 때쯤에는 원하는 모양의 양모인형을 자유롭게 만들 수 있을 것입니다.

이 책에서 소개한 인형들은 어릴 때 만난 동화 속 주인공들입니다. 양모인형을 만드는 시간이 즐겁고 순수했던 시절을 떠올리며 감성을 충전하는 따뜻한 시간이 되었으면 좋겠습니다.

미튼스튜디오
이민종

양모인형 제작 영상

HOW TO MAKE
앨리스 43쪽
시계토끼 40쪽
모자장수 62쪽

이상한 나라의 앨리스
Alice in Wonderland
—
"어제의 이야기는 아무 의미가 없어요.
왜냐하면 지금의 난 어제의 내가 아니거든요."

빨강 머리 앤
Anne of Green Gables

—

"정말로 행복한 나날이란 멋지고 놀라운 일이 일어나는 날이 아니라,
진주알들이 하나하나 한 줄로 꿰어지듯이
소박하고 자잘한 기쁨들이 조용히 이어지는 날들인 것 같아요."

브레멘 음악대
The Fearless Four

"넌 죽음보다 나은 것을 찾을 수 있을 거야.
너는 훌륭한 목소리를 지녔고,
우리가 함께 음악을 연주하면 좋을 거야.
우리와 함께 브레멘으로 가자."

HOW TO MAKE
당나귀 68쪽
닭 71쪽

HOW TO MAKE
아빠 곰 73쪽
엄마 곰 76쪽
아기 곰 50쪽

골디락스와 세 마리 곰
The Goldilocks and the Three Bears
—
곰 가족은 수프가 식을 때까지
산책을 하기로 했어요.

늑대와 일곱 마리 아기 염소
The Wolf and the Seven Young Kids
—
옛날 어느 숲속에 엄마 염소와
일곱 마리 아기 염소가 살고 있었어요.

HOW TO MAKE
아기 염소 78쪽

HOW TO MAKE
고양이 80쪽
장화 82쪽

장화 신은 고양이
Puss in Boots

"그래, 어쩌면 아주 특별한 고양이일지도 몰라."

HOW TO MAKE
아기 돼지 84쪽

아기 돼지 삼 형제
Three Little Pigs

"더 크고 튼튼하게 집을 짓자."
"힘센 늑대가 와도 끄떡없는 집을 짓자."
"우리 함께 즐겁게 살 수 있는 집을 짓자."

피노키오
Pinocchio

"두려워하지 마. 넌 계속 너였단다.
나무였을 때도, 나무토막이었을 때도. 그러니 지금의 네가 있는 거야.
앞으로도 너는 너로 있을 거야. 그러니 두려워하지 마."

빨간 모자
Little Red Riding Hood

어느 날 할머니가 아이에게 작은 빨간 모자를 만들어주었어요. 아이는 빨간 모자를 너무 좋아해 언제나 쓰고 다녔지요. 그래서 모두가 아이를 빨간 모자라고 부르게 되었어요.

HOW TO MAKE
빨간 모자 소녀 90쪽
늑대 93쪽

말괄량이 삐삐
Pippi Longstocking
—

"안 돼! 주근깨가 더 생겨야 하는데
 저긴 햇볕이 잘 들지 않잖아.
 나는 내 주근깨가 정말 매력적이라고 생각하거든."

오즈의 마법사
The Wizard of Oz

"넌 이미 용기 있는 사자야.
너에게 필요한 건 용기가 아니라
자신감이지."

HOW TO MAKE
도로시 98쪽
겁쟁이 사자 101쪽

어린 왕자
Le Petit Prince

—

"만약 내가 53분을 마음대로 쓸 수 있다면
난 샘이 있는 곳을 향해
아주 천천히 걸어갈 텐데……."

HOW TO MAKE
어린 왕자 103쪽
사막여우 46쪽

PART

양모와 바늘로
기본 준비 끝!

양모인형을 만드는 재료와 도구는 간단합니다. 양모와 바늘, 몇 가지 부재료만 있으면 됩니다. 양모의 색은 무척 다양하고 여러 색을 섞어 원하는 색감을 만들어 쓸 수도 있어 더욱 매력적이지요. 재료와 도구를 갖추었다면 양모를 다루는 방법, 인형 만들기의 기본 기법을 통해 양모에 익숙해지는 시간을 가져보세요.

· BASIC ·
1
재료와 도구

양모

❶ **베이스 울(코어 울)** 인형의 기본 덩어리를 만드는 재료. 바늘로 잘 뭉쳐지며 형태를 만들 때 가장 많이 사용한다.

❷ **메리노 울** 울 100%의 매우 부드럽고 가는 양모. 색이 무척 다양하며 양모인형의 주재료로 사용한다.

❸ **내추럴 울** 천연 원모의 자연스러운 질감과 색을 지닌 양모. 동물의 털을 표현할 때 사용한다.

❹ **스코드 울** 곱슬곱슬한 모양의 내추럴 양모. 천연 감촉을 그대로 살린 것이 특징이다. 양이나 푸들 같은 동물의 털을 표현할 때 많이 사용한다.

❺ **양모 실** 굵기가 가는 울 100%의 모사. 머리카락이나 동물의 털을 표현할 때 사용한다.

❻ **양모 원단** 메리노 울을 바늘로 다지거나 비눗물로 펠팅한 원단. 옷과 소품을 만들 때 사용한다(만드는 법은 34쪽).

❼ **메리노 믹스** 3가지 색 이상의 메리노 울을 섞어서 사용하면 더 풍부한 색감을 표현할 수 있다. 시판되는 믹스 제품을 구입해도 되고, 직접 원하는 색을 섞어서 사용해도 좋다(만드는 법은 32쪽).

양모 이외의 재료

모직 원단
패턴이 들어간 모직 원단은 인형 옷을 만들 때 포인트를 주기 좋고, 바늘로 고정이 잘된다.

니트 원단
인형 옷을 만들 때 사용하며 원단 두께가 얇을수록 다루기 쉽다. 모가 섞여 있어야 펠트용 바늘로 고정하기 쉽다.

가죽
인형 옷과 소품을 만들 때 사용하며 두께가 얇을수록 다루기 쉽다.

펠트지
천연 공예 펠트지는 소품이나 인형 옷 장식 등에 사용한다.

면 원단
인형 옷과 소품을 만들 때 부수적으로 사용한다.

철사
공예용 알루미늄 철사로 인형의 뼈대를 만들 때 사용한다. 보통 0.8~2.0mm를 사용하며, 필요에 따라 좀 더 가는 철사를 쓰기도 한다. 같은 곳을 여러 번 구부렸다 폈다 하면 부러질 수 있으므로 조심한다.

레이스와 다양한 끈
인형 옷 앞치마나 장식을 만들 때 사용한다.

미니 단추
인형 옷에 단추를 달 때 사용한다. 바느질하지 않고 단춧구멍에 1구 바늘로 양모를 가늘게 찔러 넣으며 고정한다.

도구

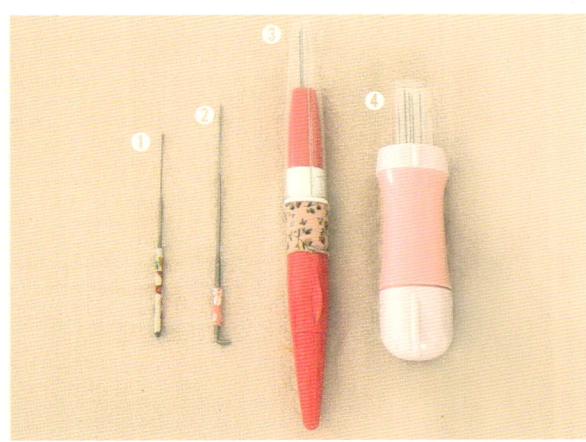

❖ **펠트용 바늘** : 바늘 끝에 작은 돌기가 있어 찌를 때마다 마찰을 일으켜 양모를 뭉친다.

❶ **1구 바늘(40게이지 바늘)** 섬세한 표현을 할 때 또는 3구와 5구 리필용으로 사용한다.

❷ **1구 바늘(36게이지 바늘)** 40게이지보다 좀 더 길고 굵으며, 양모를 처음 뭉쳐서 고정할 때 사용하기 좋다.

❸ **3구 바늘** 좁은 면을 다듬거나 깊이 찌를 수 있어 작업 시간이 단축된다. 필요에 따라 바늘을 빼서 2구 바늘로 사용할 수도 있다.

❹ **5구 바늘** 넓은 면을 다듬거나 전체적인 모양을 잡을 때 사용한다.

송곳
양모를 풀어서 정리하거나 구멍을 낼 때 사용한다.

기화성 펜
인형의 눈을 만들거나 머리카락을 심을 때 기준선을 그리기에 좋다.

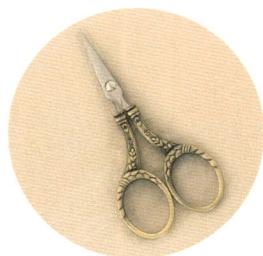
가위
원단을 자를 때, 머리카락이나 털을 만들고 나서 다듬을 때 사용한다. 작은 가위가 편하다.

미니 핸드 카더
털을 표현하기 위해 양모 실을 풀 때 사용한다.

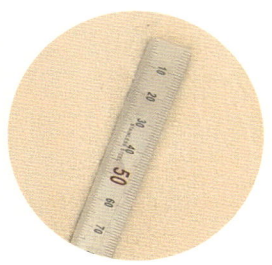
자
인형 각 부위의 대략적인 길이와 비율을 계산할 때 사용한다.

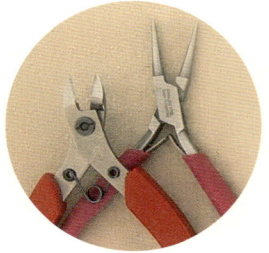
니퍼, 플라이어
철사를 자르거나 구부릴 때 사용한다.

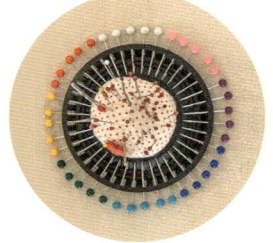
시침핀
인형 옷이나 각 부위를 임시로 고정할 때 사용한다.

일반 바늘과 실
바느질로 옷과 소품을 만들 때 사용한다.

본드
목공 본드와 강력 본드. 원단을 고정하거나 부자재를 붙일 때 사용한다.

이쑤시개와 면봉
본드를 붙이거나 블러셔를 바를 때 조금씩 묻혀 사용하기 편하다.

블러셔
인형 볼에 살짝 바르면 생기를 줄 수 있다.

받침대
5cm 정도 두께의 스펀지로, 바늘로 양모를 찌를 때 받침대로 사용한다. (이 책의 과정 사진에서는 생략했다.)

디지털 저울
양모의 정확한 양을 잴 때 사용한다.

※ 구입처 미튼 쇼핑몰 www.mitten.kr

· BASIC ·
2
양모 다루기의 기본

니들 펠트의 특성

펠트용 바늘은 끝부분에 작은 돌기가 있어 양모를 찌르면 섬유의 비늘 조직이 서로 엉켜 압축됩니다. 양모는 바늘로 많이 찌를수록 점점 단단해지고 부피가 줄어드는데, 이를 '펠트화'된다고 합니다. 인형을 만들 때도 찌르는 횟수에 따라 각 부위의 느낌이 달라집니다. 이 책에서 만드는 인형은 너무 단단해 보이지 않는 포근한 느낌으로 펠팅합니다.

❖ **바늘로 찌르는 횟수에 따른 양모의 느낌**

양모를 뭉쳤을 때

250회 이상 찔렀을 때

500회 이상 찔렀을 때

바늘 다루는 법

바늘을 사용할 때는 날카로운 부분에 손끝이 찔리지 않도록 주의하며 집중해서 찌릅니다.

1 바늘은 양모와 수직이 되도록 곧게 사용한다.

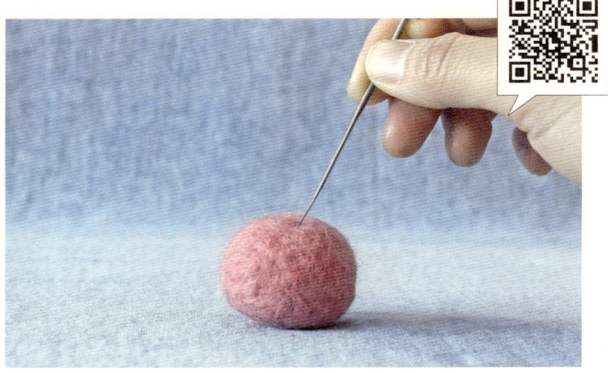
2 중간에 각도를 틀거나 손에 힘을 주면 바늘이 휘거나 부러지기 쉽다.

양모 뽑기

양모는 손으로 자연스럽게 뽑아가며 사용합니다. 뽑는 방법은 필요한 양과 모양에 따라서 조금씩 다릅니다.

❖ 양모를 뽑는 기본 방법

1 양모를 세로 방향으로 잡는다.

2 손에 잡기 알맞은 양으로 양모를 가른다.

3 양모를 가로 방향으로 잡는다.

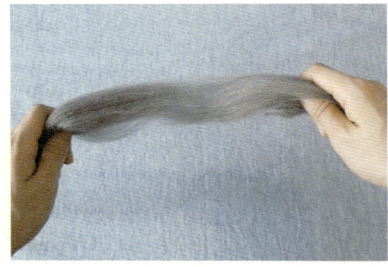

4 10cm 이상 간격을 두고 양손의 힘을 빼면서 천천히 잡아당긴다.

5 자연스럽게 나뉜다.

❖ 얇게 뽑기(표면에 색을 입힐 때)

1 한 손에 양모를 잡고 다른 한 손으로 양모를 잘 편다.

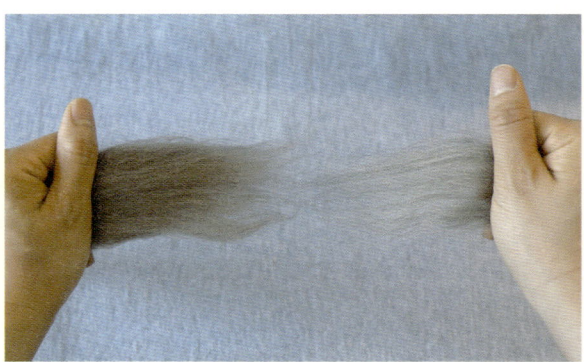

2 양모를 잘 펼친 상태에서 가지런히 뽑는다.

❖ 가늘게 뽑기(눈썹이나 입술처럼 가는 선을 표현할 때)

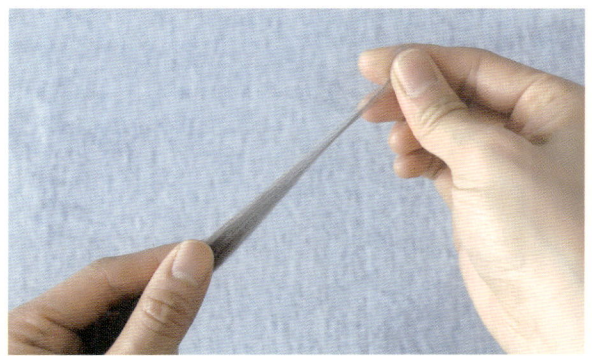

1 양모를 손끝으로 조금만 잡고 가늘게 뽑는다.

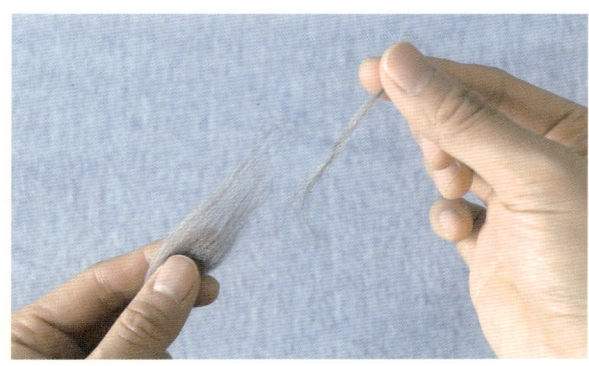

2 손끝으로 비벼 가늘게 만들어 사용한다.

❖ 짧게 뽑기(면적이 작은 부분에 색을 입힐 때)

1 양모를 짧게 잡는다.

2 손끝에 힘을 주어 양모를 조금 뽑아낸다.

❖ 작게 뽑기(얼굴에 볼터치를 표현하거나 듬성듬성 색을 입힐 때)

1 양손 끝으로 양모를 짧게 잡는다.

2 여러 번 찢어 작게 만든다.

양모 색 섞기

여러 가지 색의 양모를 섞어 원하는 색감을 만들 수 있습니다. '믹스' 양모를 구입해도 되고 직접 색을 조합해도 좋습니다.

1 원하는 색의 양모를 3가지 이상 골라 가지런히 잡는다.

2 양손의 힘을 빼고 천천히 잡아당긴다.

3 나뉜 양모를 다시 겹치고 나누기를 여러 번 반복해 실을 섞는다. 반복할수록 색이 더 많이 섞인다.

[양모의 특성과 보관법]

양모는 보온성이 강하고 발수성과 흡습성이 뛰어나 여름에는 시원하고 겨울에는 따뜻함을 주는 섬유입니다. 습기가 많으면 털이 자연스럽게 뭉치므로 바람이 잘 통하고 습기가 없는 곳에 보관해야 합니다. 장마철에는 제습제와 함께 보관하는 것도 좋습니다.

또한 햇빛이나 조명을 받으면 색이 자연스럽게 변하는데, 시간의 흐름에 따라 빈티지한 멋이 느껴집니다. 양모인형은 세제로 세탁하면 펠팅이 되어 형태가 변하므로 세탁은 하지 말고 먼지만 자주 털어 보관합니다.

BASIC 3
인형 만들기의 기본 기법

덩어리 만들기

덩어리 만들기는 양모 펠트 공예의 기본 기법입니다. 공 모양 또는 필요에 따라 형태를 바꿔 만들면 됩니다.

1 양모를 뽑아 여러 겹 깐 다음 5구 바늘로 다지듯이 찔러 부피를 조금 줄인다.

2 양모를 압축하며 동그랗게 만다.

3 ②의 양모를 1구 바늘로 여러 번 찔러 동그랗게 고정한다.

4 ③을 5구 바늘로 다지듯 찔러 동그랗게 다듬는다. 많이 찌를수록 작고 단단해진다.

원단 만들기

양모를 납작하게 눌러 원단을 만드는 방법입니다. 인형 옷을 만들거나 머리카락을 단순하게 표현할 때 등 다양하게 사용합니다.

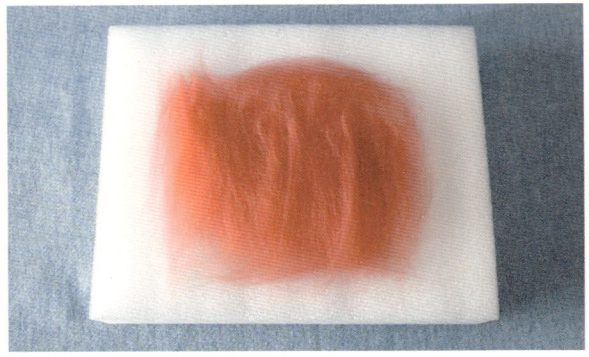

1 양모를 뽑아 원하는 크기로 서로 교차되도록 겹겹이 받침대 위에 놓는다.

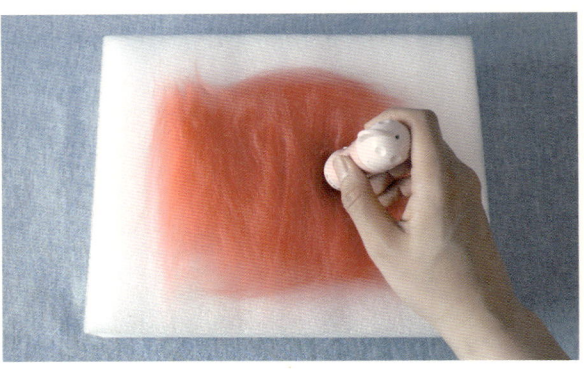

2 ①을 5구 바늘로 다지듯이 찌른다.

3 앞뒤로 뒤집으면서 여러 번 다지듯이 찔러 납작하게 만든다.

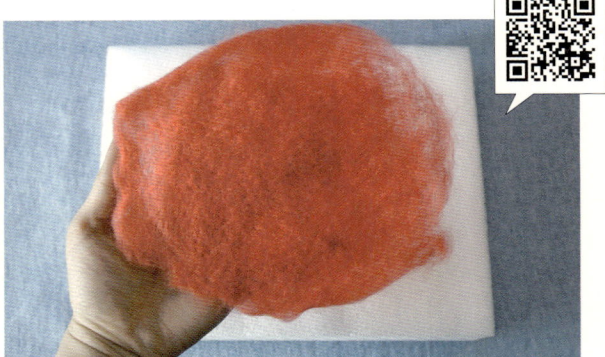

4 양모가 압축되어 단단하게 펠팅될수록 좋다.

털 만들기

머리카락이나 동물의 털 등을 만들 때는 양모 실을 사용합니다. 알맞게 자른 실을 1구 바늘을 이용해 원하는 곳에 찔러 넣습니다.

1 양모 실을 손가락에 둘러 감는다. 손가락 간격은 원하는 털 길이보다 약간 길게 둔다. (반으로 접어 심는 경우에는 원하는 털 길이의 2배로 잡는다.)

2 ①의 양끝을 자른다.

가는 선 만들기

눈, 코, 입처럼 섬세한 작업이 필요한 곳에 사용하는 기법입니다. 양모를 실처럼 만들어 1구 바늘로 찔러 넣으며 원하는 모양을 만들 수 있습니다.

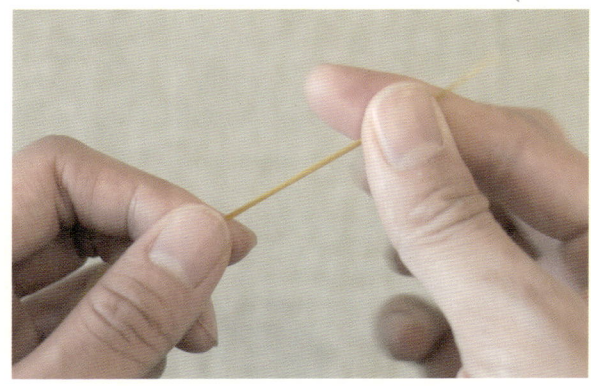

1 양모를 가늘게 뽑아 손가락으로 비비면서 실처럼 만든다.

손 만들기

다섯 손가락을 모두 만드는 경우 먼저 철사로 뼈대를 만든 뒤 양모로 살을 붙여 완성합니다.

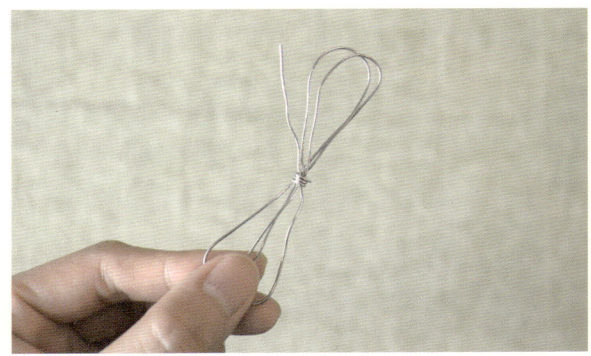

1 얇은 철사를 둥글게 두 번 감고 가운데를 묶은 다음 아래쪽의 한 가닥을 위로 올린다.

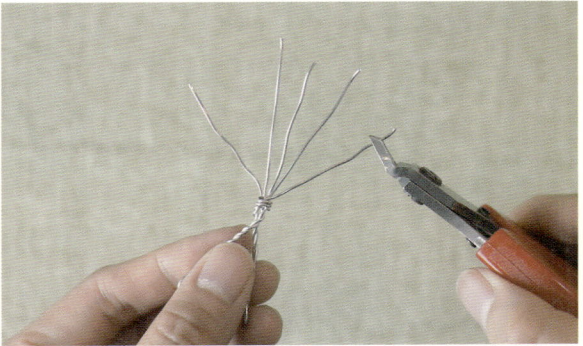

2 니퍼로 위쪽의 연결된 부분을 잘라 다섯 가닥을 만들고, 각 손가락 길이를 생각하며 끝부분을 자르고 정리한다.

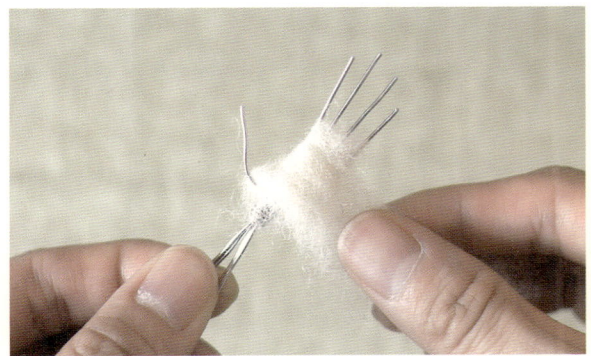

3 ②의 철사 네 가닥에 양모를 조금씩 감으며 1구 바늘로 찔러 고정해 손바닥을 만든다.

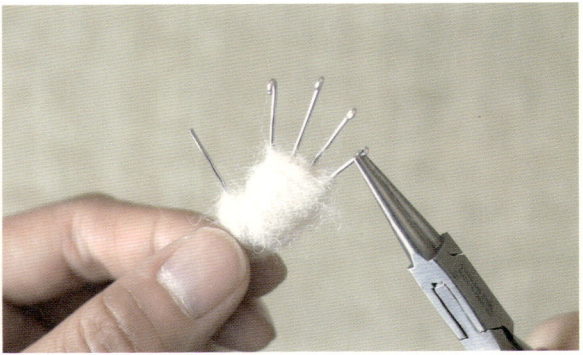

4 손끝은 플라이어로 구부려 둥글게 만든다.

5 양모로 철사를 한 가닥씩 얇게 감싸며 바늘로 찔러 고정한다.

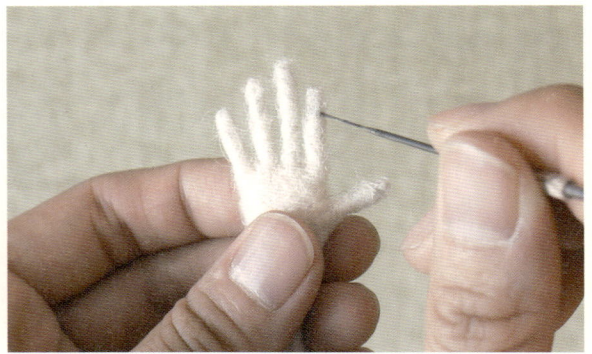

6 ⑤를 양모로 한 번 더 감고 바늘로 찔러 손가락 살을 채운다.

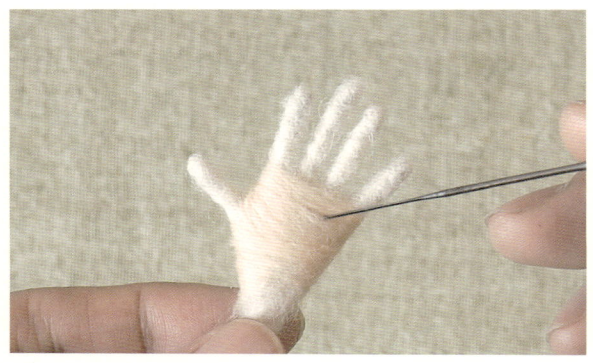

7 살구색 양모를 손바닥부터 조금씩 감아 덧쒸우고 바늘로 찔러 고정한다.

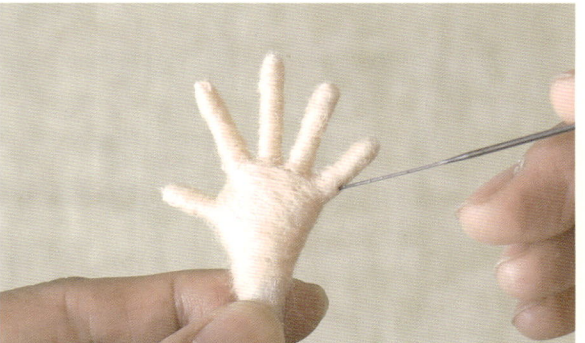

8 손가락 하나하나에 살구색 양모를 감고 바늘로 찔러 고정한다.

[손 단순하게 표현하기]
다섯 손가락 모두 만들지 않고 엄지를 제외한 나머지 네 손가락을 한 덩어리로 표현할 수도 있습니다.

1 팔 부분의 철사 한 가닥 끝을 동그랗게 구부려 엄지장갑 모양의 틀을 만든다.

2 양모로 감싸고 1구 바늘로 찔러 모양을 다듬는다.

3 팔과 잘 연결되도록 1구 바늘로 찌르며 다듬는다.

울콘 만들기

울콘은 양모(wool)와 아이콘(icon)을 합친 말로, 미튼스튜디오에서 만든 DIY 아트토이입니다. 울콘을 베이스로 해서 다양한 양모인형을 만들 수 있으며, 이 책에서는 '아기 돼지'(84쪽)를 만들 때 울콘을 사용합니다.

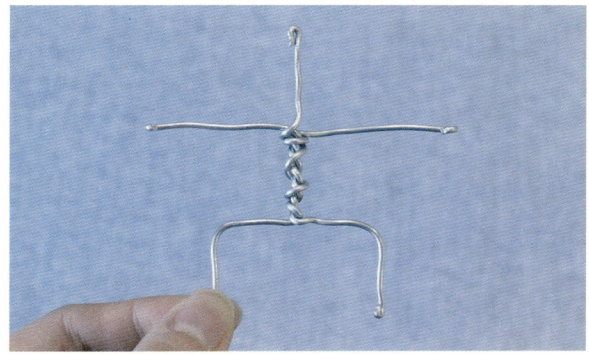

1 사진과 같이 철사로 뼈대를 만든다.

2 뼈대 중심을 베이스 울로 두껍게 감싸고 5구 바늘로 찌르며 몸통을 만든다.

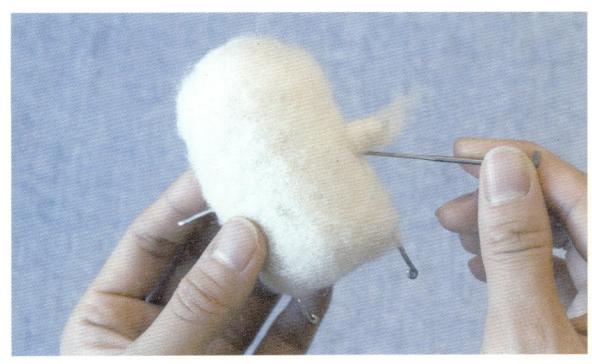

3 팔과 다리 부분에 베이스 울을 얇게 감고 1구 바늘로 찌르며 고정한다. 바늘을 찌를 때 철사에 닿으면 바늘이 휠 수 있으므로 주의한다.

4 울콘 완성.

· NOTICE ·

처음 양모인형을 만드는 분들에게

1 인형 크기는 참고로 보세요.

인형 만들기 앞부분마다 각 부위의 치수를 기재했지만, 양모인형의 특성상 만드는 사람에 따라 크기와 볼륨은 차이가 생길 수 있습니다. 비율을 참고해서 각자 원하는 크기로 만들어도 괜찮습니다.

2 인형 옷은 만든 인형 크기에 맞춰 재단하세요.

인형 옷은 바느질해서 만들어 입히는 것이 아니라 펠트용 바늘로 찔러 몸에 붙이는 경우가 많습니다. 패턴을 참고하되 크기는 만든 인형에 맞춰 재단하세요.

3 양모의 다양한 색을 마음껏 활용하세요.

양모는 색이 무척 다양하며, 여러 가지 색을 섞어 새로운 색을 만들 수도 있습니다. 물감처럼 자신의 취향에 따라 다양하게 사용해도 좋습니다.

PART

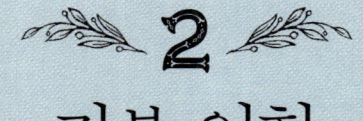

기본 인형 만들기

이 책에서 소개하는 양모인형은 형태에 따라 크게 5가지로 나눌 수 있습니다. 뼈대 없이 단순하게 만드는 동물 인형과 사람 인형, 뼈대가 있고 네 발로 서 있는 동물 인형과 두 발로 서 있는 동물 인형, 사람 인형입니다.

형태별로 기본이 되는 인형의 만들기 전 과정을 먼저 소개합니다. 나머지 인형은 기본 인형 만들기에서 옷이나 머리 모양 등 특징적인 부분만 조금씩 달라집니다.

이상한 나라의 앨리스
시계토끼
(뼈대 없는 동물 인형)

앨리스가 모험을 하도록 이끄는 시계토끼입니다. 뼈대 없이 만들어
동글동글 귀여우면서 붉은색 옷과 금색 주름 리본을 달아 화려하고 신비로운 느낌이 납니다.
옷 색깔이나 장식 등은 각자의 개성을 살려 다양하게 만들어보세요.

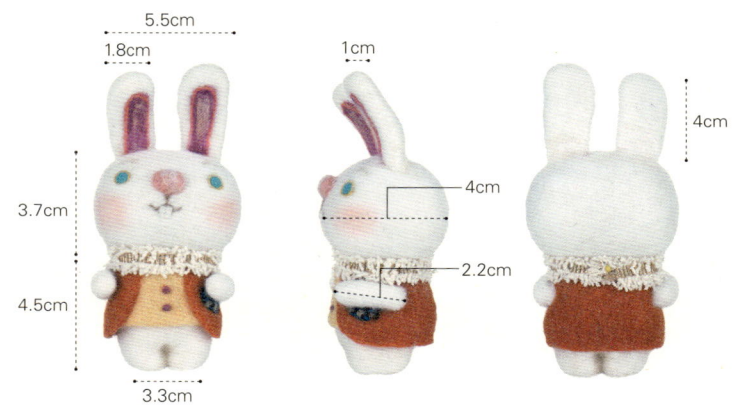

―――――― 재료 ――――――

[양모]
베이스 울
머리와 몸통
: ○ 흰색
얼굴
: ● 연분홍색
● 하늘색
● 노란색

○ 흰색
● 연갈색
● 자주색
● 진분홍색
옷
: ● 노란색
● 주황색
● 자주색

[그 외]
주머니(체크무늬 모직 원단)
장식(금색 주름 리본)
분홍색 블러셔

머리

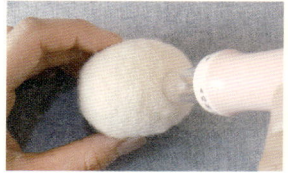  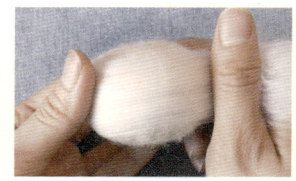 

1 33쪽 '덩어리 만들기'를 참고해 베이스 울로 머리 형태를 만든다.

2 흰색 양모를 잘 펴서 뽑아 ①의 머리를 감싸고 2구 바늘로 찔러 고정한다.

3 ②를 흰색 양모로 몇 번 더 감싸고 고정해 밑 색이 보이지 않게 한다.

4 감싼 양모를 5구 바늘로 꼼꼼하게 찔러 다듬는다.

몸통

  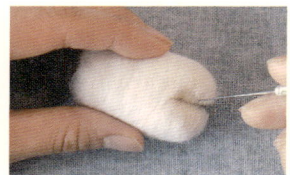 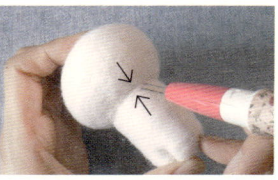

5 토끼 몸통도 머리와 같은 방법(①~④)으로 만든다. 단, 몸통의 치수를 참고한다.

6 몸통 가운데를 아래에서 위로 3분의 1 지점까지 가위로 자른다.

7 가위로 자른 부분 안쪽을 1구 바늘로 찌르며 다리 형태로 다듬는다.

8 머리와 몸의 중심선을 잘 맞추어놓고 연결 부분을 2구 바늘로 찔러 고정한다.
tip. 맞닿는 부분 쪽으로 머리와 몸을 살짝 누르며 찔러야 튼튼하게 고정된다.

얼굴

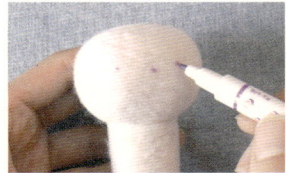 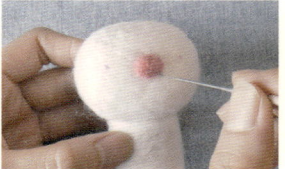  

9 기화성 펜으로 얼굴에 눈, 코, 입 붙일 자리를 표시한다.

10 연분홍색 양모를 동그랗게 뭉쳐 코 자리에 놓고 1구 바늘로 찔러 고정한다.

11 하늘색 양모를 조금씩 뭉쳐서 1구 바늘로 찔러 양쪽 눈을 만들고, 노란색 양모로 가는 선을 만든(35쪽) 뒤 눈 테두리를 따라 1구 바늘로 찌르며 고정한다.

12 흰색 양모로 치아 형태를 만들어 바늘로 코 아래쪽에 찔러 넣고, 연갈색 양모로 가는 선을 만든 뒤 바늘로 찔러 입 모양을 만든다.

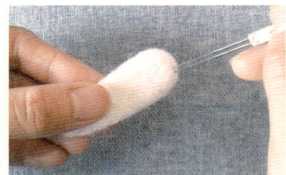  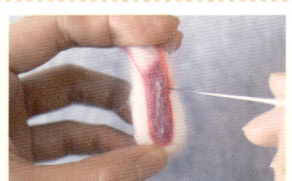 

13 ①~④와 같은 방법으로 토끼 귀 형태를 2개 만든다.

14 자주색 양모를 얇게 펼쳐 귀 위에 올리고 1구 바늘로 찔러 외곽선을 정리하며 고정한다.
tip. 흰색 양모를 얇게 덧붙여 자연스러운 느낌을 더할 수 있다.

15 진분홍색 양모로 가는 선을 만들고 귀 테두리에 둘러가며 1구 바늘로 찔러 다듬는다. 같은 방법으로 2개를 만든다.

16 ⑮의 귀를 얼굴 위쪽 외곽에 중심선을 잘 맞춰놓고 1구 바늘로 찌르며 각각 고정한다.
tip. 깊숙이 찔러야 튼튼하게 고정된다.

옷 입히기

17 눈에서 위로 1cm 지점에 바늘로 연갈색 양모를 듬성듬성 찔러 넣어 눈썹을 만든다.

18 노란색 양모로 원단을 만든 (34쪽) 뒤 몸통 크기에 맞춰 재단한다.

19 ⑱의 원단으로 몸통을 잘 감싼 다음 바늘로 찔러 고정한다.

20 몸통 전체를 5구 바늘로 찔러 다듬는다.

마무리

  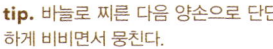 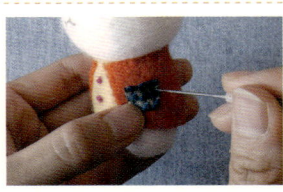

21 주황색 양모로 원단을 만든 뒤 조끼 모양으로 재단해 몸통 위에 바늘로 찔러 고정한다.

22 자주색 양모를 작게 뭉친 다음 노란색 옷 앞쪽에 바늘로 찔러 넣어 단추를 만든다.

23 흰색 양모를 돌돌 만 다음 5구 바늘로 찌르며 다듬어 팔을 만든다. 같은 방법으로 2개를 만든다.
tip. 바늘로 찌른 다음 양손으로 단단하게 비비면서 뭉친다.

24 체크무늬 모직 원단을 주머니 모양으로 오려 조끼 위에 올려놓고 1구 바늘로 찔러 고정한다.

 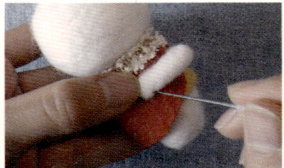 

25 금색 주름 리본을 목에 두르고 본드로 붙인다.
tip. 이쑤시개에 강력 본드를 조금 묻혀 바르면 편하다.

26 ㉓의 팔을 몸통 양쪽에 두고 1구 바늘로 찔러 튼튼하게 고정한다.

27 면봉으로 볼에 분홍색 블러셔를 살짝 발라 완성한다.

이상한 나라의 앨리스
앨리스
(뼈대 없는 사람 인형)

시계토끼처럼 뼈대 없이 기본 형태로 만든 앨리스입니다. 기본 형태 만드는 법을 익히면
다양하게 활용할 수 있습니다. 앨리스는 노란 머리와 푸른 원피스,
흰 앞치마로 특징을 살려 귀엽게 만들어보았어요.

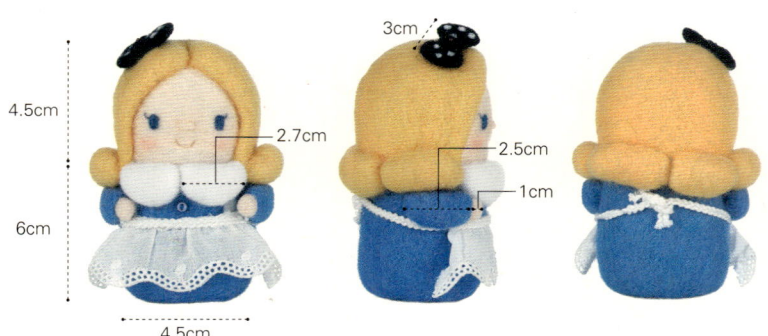

재료

[양모]
베이스 울
머리와 몸통
: ● 살구색
옷
: ● 파란색
○ 흰색

얼굴
: ● 살구색
● 파란색
머리카락
: ● 노란색

장식
: ● 검은색
○ 흰색

[그 외]
앞치마(레이스)
미니 단추

머리와 몸통

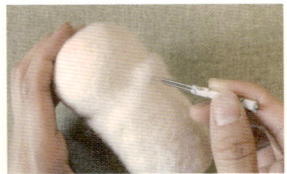
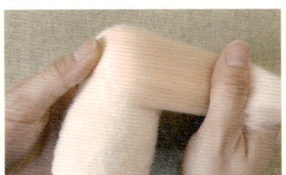

1 33쪽 '덩어리 만들기'를 참고해 베이스 울로 동그랗게 머리 형태를 만든다.

2 몸은 베이스 울을 원통 모양으로 뭉쳐 5구 바늘로 다듬으면서 형태를 만든다.

3 얼굴과 몸통을 잘 맞대고 1구 바늘로 깊숙이 찔러 튼튼하게 고정시켜 연결한다.
tip. 맞닿는 부분 쪽으로 머리와 몸을 살짝 누르며 찔러야 튼튼하게 고정된다.

4 살구색 양모를 잘 펼쳐서 가지런히 뽑아 얼굴 표면을 감싼다.

옷

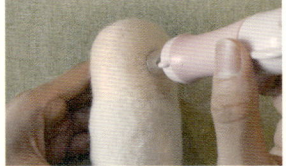

5 밑 색이 드러나지 않도록 잘 감싸고 5구 바늘로 찔러 다듬는다.

6 파란색 양모로 원단을 만들어 (34쪽) 몸을 잘 감싼 뒤 크기에 맞게 재단한다.(가로 18cm×세로 7cm 정도)

7 감싼 양모 원단 아랫부분을 조각내어 실을 풀고 바닥 부분을 잘 감싸 바늘로 찔러 넣는다.
tip. 실을 풀 때는 송곳을 사용한다.

8 바닥 부분을 정리해 5구 바늘로 찌르며 다듬는다.

머리카락

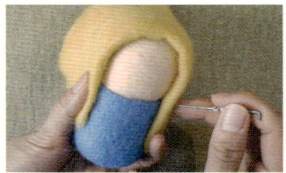

9 노란색 양모로 원단을 만들어 머리 위에 두른 뒤 크기에 맞게 재단하고 1구 바늘로 찔러 고정한다.

10 머리 중심을 바늘로 깊게 찔러 가르마 선을 만들고 옆머리도 찔러가며 정리한다.

11 뒤통수 곡선 부분은 가위로 잘라 머리 라인을 잡는다.

12 자른 부분은 송곳으로 실을 잘 푼 다음 5구 바늘로 가볍게 톡톡 찌르며 다듬는다.

얼굴

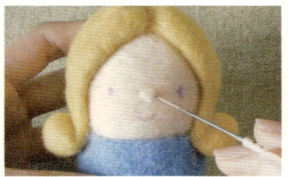

13 머리 아래에서 위로 3분의 1 지점까지 가위로 잘라 4등분한다.

14 자른 부분을 돌돌 만 다음 바늘로 찔러 고정하고 가장자리는 둥글게 다듬어 찌른다.
tip. 올린 머리 네 부분의 부피가 비슷하도록 양모를 더하거나 빼서 맞춘다.

15 기화성 펜으로 눈, 코, 입을 그린 다음 살구색 양모를 조금 뭉쳐 코 자리에 올려놓고 1구 바늘로 찔러 둥근 코를 만든다.

16 파란색 양모를 조금씩 뭉쳐 양쪽 눈 위치에 놓고 1구 바늘로 찔러 동그란 눈 모양을 만든다.

마무리

  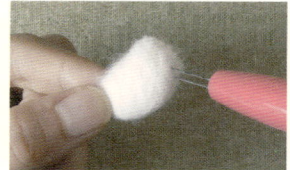 

17 파란색 양모로 가는 선을 만들어 (35쪽) 1구 바늘로 찔러 넣으며 눈 양쪽 끝에 속눈썹을 만든다.

18 입은 1구 바늘로 여러 번 깊숙하게 찔러 웃는 모양을 만든다.
tip. 입은 색을 넣는 것이 아니라 바늘로 찔러 자국을 내는 것이다.

19 약간의 흰색 양모를 돌돌 만 다음 5구 바늘로 찔러 뭉치고 가장자리는 2구 바늘로 다듬으며 둥글게 옷깃 모양으로 만든다. 같은 방법으로 2개 만든다.

20 ⑲의 옷깃을 1구 바늘로 찔러 얼굴과 몸의 경계선에 튼튼하게 고정한다.

  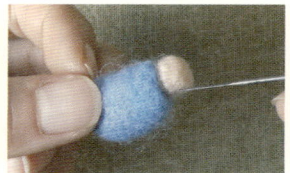 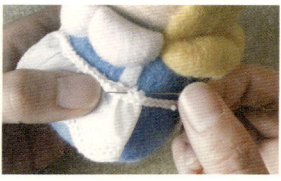

21 흰색 양모로 굵은 줄을 만들어 앞쪽에 고정한다. 앞치마 끈이 된다.

22 파란색 양모를 납작하게 접은 뒤 5구 바늘로 찔러 뭉치고 양쪽 끝을 1구 바늘로 둥글게 다듬는다. 같은 방법으로 2개 만든다.

23 살구색 양모를 동그랗게 2개 뭉쳐 ㉒의 양쪽 팔 끝부분에 각각 놓고 1구 바늘로 깊숙이 찔러 고정한다.

24 레이스를 몸통에 두르고 바늘로 튼튼하게 꿰매 고정한다.
tip. 시침핀으로 임시 고정한 뒤 바느질을 하면 편하다.

  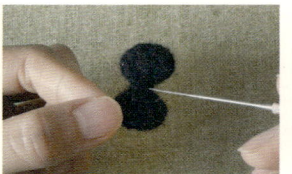 

25 몸 양쪽으로 팔을 하나씩 1구 바늘로 깊숙이 찔러 고정한다.

26 몸통 중심에 작은 단추를 붙이고 단춧구멍에 양모 실을 찔러 넣어 정리한다.

27 검은색 양모를 접으며 5구 바늘로 납작하게 다진 다음 1구 바늘로 가운데 부분을 찔러 리본 모양을 만든다.

28 리본 위에 흰색 양모를 조금씩 찔러 넣어 물방울무늬를 만들고 리본 가운데를 양모로 감싼 다음 1구 바늘로 찔러 마무리한다.

29 리본을 머리 위에 올리고 1구 바늘로 찔러 고정한다.

30 면봉에 블러셔를 묻혀 양 볼에 살살 바른다.

어린 왕자
사막여우
(뼈대 있고 네 발로 선 동물 인형)

뼈대부터 만든 다음 살을 붙여가는 동물 인형입니다. 그중에서도 네 발로 서 있는 형태의 인형이지요. 사막여우는 큰 귀와 꼬리의 특징을 살려 만들었습니다.

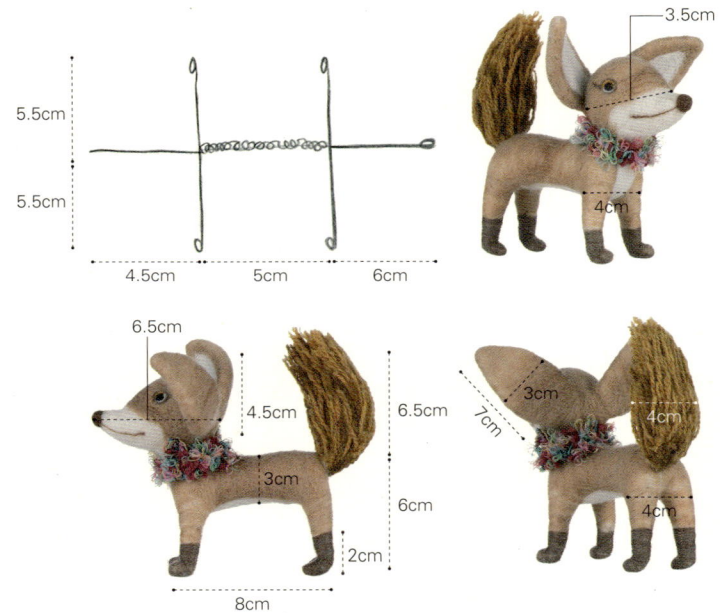

재료

[양모]
베이스 울
머리와 몸통
: ● 베이지색 믹스
다리
: ● 회갈색
얼굴
: ● 갈색
● 고동색

● 노란색
○ 흰색
귀
: ● 베이지색 믹스
○ 흰색

[양모 실]
꼬리
: ● 노란색
● 진노란색

[그 외]
철사
장식(리본)

뼈대

1 철사를 22cm 정도 길이로 2개 잘라 중심을 맞추어 십자로 놓는다.

2 2개의 철사가 만나는 중간 지점을 5cm 정도 꼬아준다.

3 ②의 철사(몸통) 중심에 새로운 철사 1개를 꼬아 앞뒤(머리, 꼬리)로 연결한다.

4 몸통 5cm, 머리 4.5cm, 꼬리 6cm, 다리는 7~8cm(발바닥을 만들 여유분 포함) 정도 되도록 철사 길이를 넉넉하게 둔다.

뼈대에 살 붙이기

 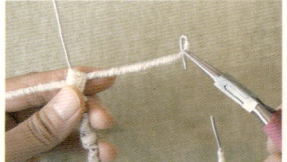  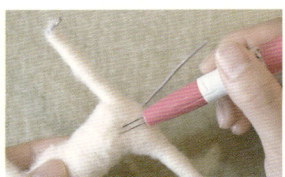

5 양모 실을 목 뼈대 중심에서부터 잘 감아준다.
tip. 몸통부터 발끝까지 감고 끝부분이 풀어지지 않도록 본드로 살짝 고정한다.

6 철사 끝부분을 동그랗게 말아 발바닥 부분을 만들고 니퍼로 끝을 잘라 정리한다.

7 베이스 울을 조금 떼서 몸통 부분부터 잘 감싸고 1구 바늘로 찔러 고정한다.
tip. 이때 철사에 바늘이 닿지 않도록 주의한다.

8 몸통에 베이스 울을 부피가 3cm 정도 되도록 감싼 뒤 바늘을 비스듬히 옆면으로 찔러가며 고정한다.

몸통과 다리

 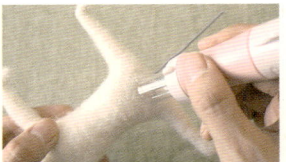  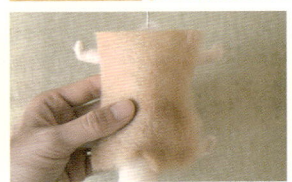

9 팔, 다리, 꼬리도 베이스 울을 얇게 펼쳐 중심에서 끝 방향으로 감싸면서 바늘로 고정한다.

10 5구 바늘로 전체 표면을 다지듯이 찔러 매끈하게 만든다.

11 다리를 접어 길이를 맞추며 다리 안쪽 부분도 베이스 울로 조금씩 살을 붙인다. 전체적으로 네 다리의 균형을 맞추면서 살을 채워 붙인다.

12 베이지색 믹스 양모로 원단을 만들어(34쪽) 몸통 위에 놓고 몸통이 감싸지도록 여유 있게 재단한다.

 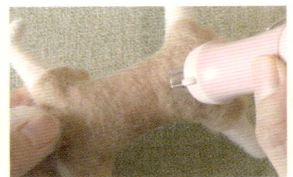 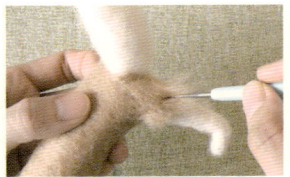 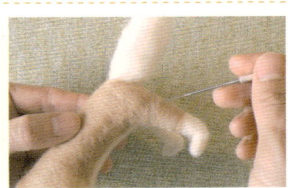

13 ⑫의 원단과 몸통 표면 사이가 뜨지 않도록 잘 정리하며 다리의 반 정도까지 감싸고 바늘로 찔러 고정한다.

14 감싼 원단을 5구 바늘로 살살 찌르며 다듬는다.

15 다리가 연결된 끝부분은 실을 풀어가며 바늘로 찔러 정리한다.

16 베이지색 믹스 양모를 얇게 뽑아서 다리에 잘 감고 1구 바늘로 찔러 고정한다.

꼬리털

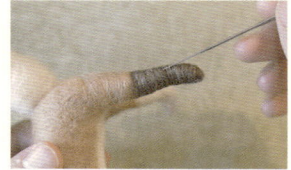

17 회갈색 양모로 발목부터 발끝까지 감싸고 1구 바늘로 찔러 고정한다. 다리 4개를 모두 같은 방법으로 완성한다.
tip. 이때 철사에 바늘이 닿지 않도록 주의한다.

18 노란색과 진노란색 양모 실로 털을 만든(34쪽) 다음, 꼬리 부분에 1cm 간격으로 선을 긋고 그 선을 따라 양모 실을 반으로 접은 상태에서 1구 바늘로 깊이 찔러 고정한다.

19 위쪽부터 돌려서 찔러 촘촘히 실을 고정하고, 위쪽으로 쓸어 올려 털의 볼륨을 만든다.
tip. 2가지 색을 적절하게 섞어 사용한다.

20 다 심은 뒤 꼬리의 라인을 살리면서 가위로 다듬는다.

머리

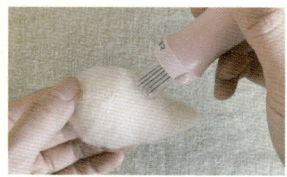
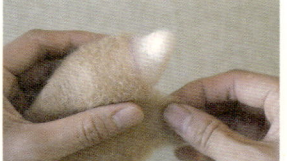

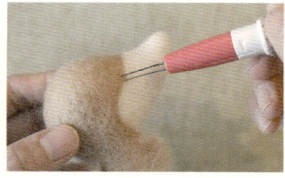

21 베이스 울을 잘 압축시키면서 동그랗게 말아 덩어리를 만들고(33쪽), 입 부분은 뾰족한 라인이 잘 살도록 모양을 다듬는다.

22 펜으로 양모를 씌울 부분을 그리고 그 선을 따라 베이지색 믹스 양모로 원단을 만들어 잘 감싼다.

23 뒤통수 부분은 머리 형태에 따라 잘 감싸며 가위로 오려 정리한다.

24 머리 색이 덮인 부분을 바늘로 세심하게 찌르며 정리하고 중심과 비율이 잘 맞는지 확인한다.

얼굴

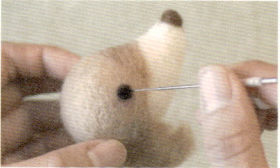

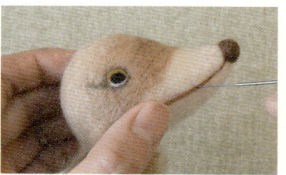

25 갈색 양모를 조금 뭉쳐 코끝에 놓고 1구 바늘로 찔러 고정한다.

26 고동색 양모를 조금씩 뭉쳐 양쪽 눈 위치에 놓고 동그랗게 라인을 정리하며 1구 바늘로 찔러 넣는다.

27 노란색 양모로 가는 선을 만들어(35쪽) 눈동자 테두리를 따라 1구 바늘로 찔러 고정한다.

28 눈동자 아래쪽은 흰색 양모로 선을 만들고, 갈색 양모를 가늘게 뽑아 1구 바늘로 입술 라인을 만든다.

귀

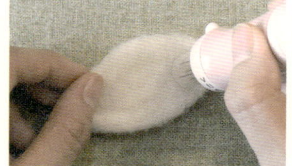
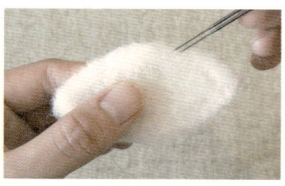

29 베이스 울로 나뭇잎 모양의 형태를 잡고 5구 바늘로 찔러 납작하게 다듬는다.

30 바늘로 옆 라인을 찔러 형태를 다듬는다.

31 ㉚을 베이지색 믹스 양모로 감싸고 바늘로 찔러 라인을 다듬으며 양모를 입힌다.

32 흰색 양모를 얇게 접어 ㉛ 위에 놓고 1구 바늘로 라인을 정리하며 고정한다. 같은 방법으로 2개 만든다.

연결

  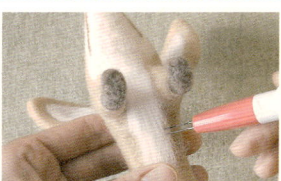 

33 대칭을 잘 맞추어 머리 중심에 귀 부분을 놓고 1구 바늘로 찔러 튼튼하게 고정한다.

34 머리 아래쪽 중심을 잘 맞춰 철사에 끼우고 1구 바늘로 튼튼하게 찔러 고정한 뒤 목 부분을 다듬어 정리한다.

35 목과 가슴 아랫부분에 흰색 양모를 씌우고 1구 바늘로 라인을 정리하며 고정한다.

36 장식으로 목에 리본을 감아 완성한다.

49

완성 사진 13쪽

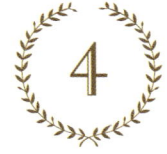

4

골디락스와 세 마리 곰

아기 곰

(뼈대 있고 두 발로 선 동물 인형)

두 발로 서 있는 인형입니다. 동물을 의인화해서 표현하고 싶을 때 사용할 수 있는 형태지요.
사람처럼 옷을 입혀 꾸밀 수 있고, 동화적인 느낌이 강한 인형입니다.

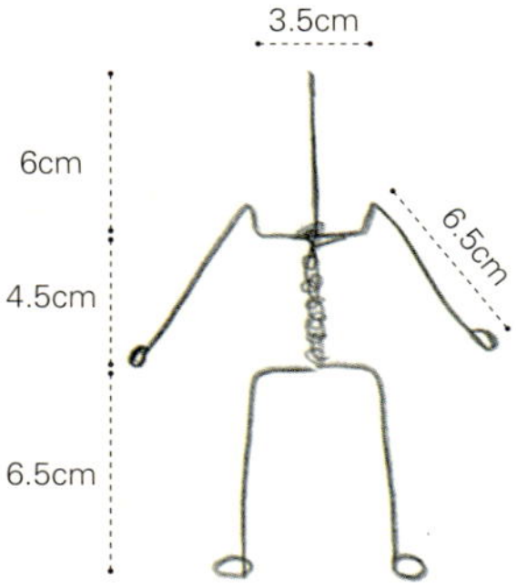

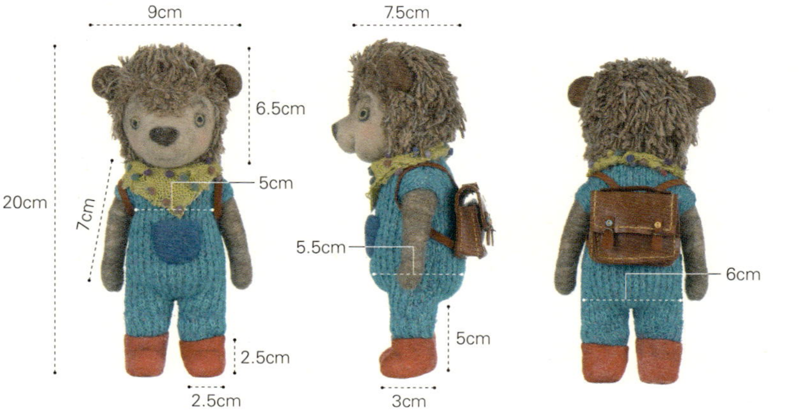

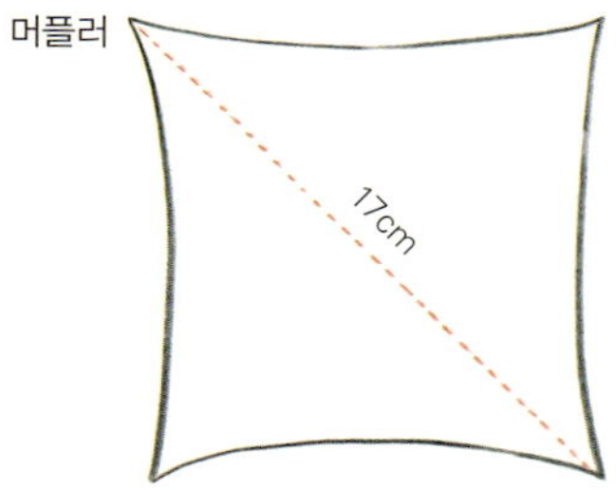

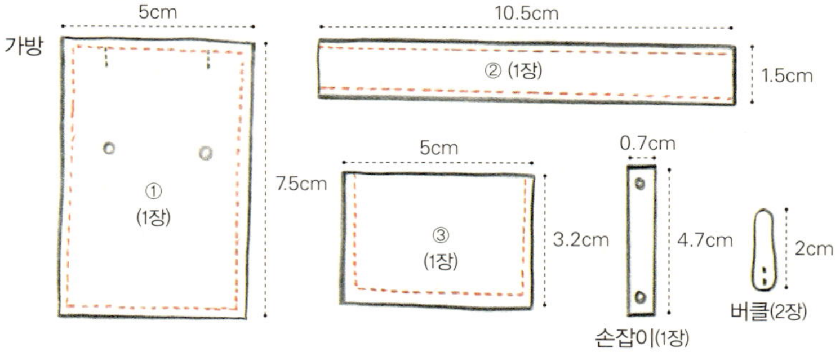

재료

【 양모 】
베이스 울
머리와 몸통
: ● 내추럴 회갈색
얼굴
: ● 베이지색

● 내추럴 고동색
● 검은색
● 노란색
● 하늘색
귀
: ● 내추럴 갈색

주머니
: ● 파란색 믹스
신발
: ● 빨간색

【 그 외 】
철사
옷과 스카프(니트 원단)
가방(가죽, 미니 단추, 오링)

뼈대

 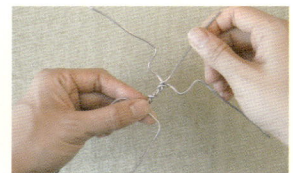  

1 철사를 28cm 정도 길이로 2개 잘라 십자로 놓고, 철사가 만나는 중간 지점에서부터 4.5cm 정도 꼬아준다.

2 철사 중심(몸통)에서 어깨를 Y자로 만든 뒤 골반 간격을 두고 구부린다. 새로운 철사 1개를 중심에서 꼬아 연결하여 목 뼈대를 만든다.

3 양 손끝은 말아서 구부리고 발바닥 부분은 모양을 잡고 구부린다.

4 베이스 울을 몸통 중심부터 감아 팔다리까지 전체적으로 얇게 감싸고 1구 바늘로 찌르며 철사에 고정한다. 이때 목 부분은 감싸지 않는다.

뼈대에 살 붙이기

   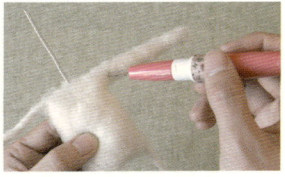

5 몸통 길이는 4.5cm, 다리는 6.5cm, 머리와 목은 6cm.

6 베이스 울을 어깨너비, 다리 간격 둘레까지 몸을 중심으로 감싼다.

7 ⑥의 베이스 울을 2구 바늘로 찔러 연결 부분을 고정한다.

8 베이스 울을 몸통 두께만큼 감싼 뒤 팔 부분도 조금씩 감싸고 2구 바늘로 찔러 고정한다.

몸통

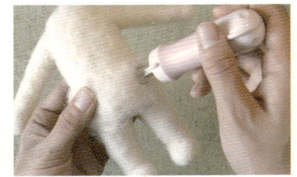 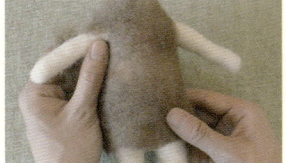 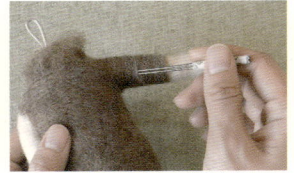 

9 다리도 베이스 울로 감싸고 2구 바늘로 찌르며 조금씩 살을 붙이고, 5구 바늘로 표면을 다지듯이 가볍게 찔러 매끈하게 만든다.

10 내추럴 회갈색 양모로 원단을 만들어(34쪽) 몸통 크기에 맞춰 재단하고 표면에 밀착시켜 잘 감싼 다음 5구 바늘로 살살 다진다. 감싼 끝부분을 잘 풀어 2구 바늘로 찌르며 고정한다.

11 내추럴 회갈색 양모를 조금 뽑아 팔에 둘러가며 잘 감싸고 2구 바늘로 찔러 고정한다.

12 5구 바늘로 전체를 가볍게 찌르며 형태를 다듬고, 다리도 팔과 같은 방법으로 감싸고 다듬는다.

머리

 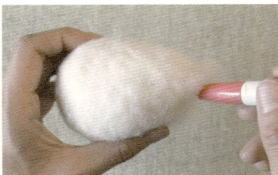 

13 베이스 울을 동그랗게 압축해 덩어리를 만들고(33쪽) 5구 바늘로 찔러 형태를 다듬는다.

14 ⑬의 입 부분에 베이스 울을 덧붙이고 2구 바늘로 찌르며 뾰족한 입 형태를 만든다.

15 5구 바늘로 표면을 다듬는다.

얼굴

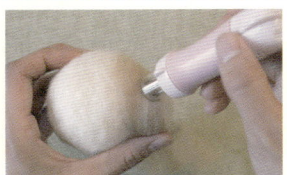

16 베이지색 양모로 입 부분을 감싸고 5구 바늘로 찔러 고정한다.

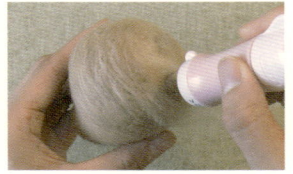   

17 베이지색 양모로 얼굴 전체를 잘 감싸고 5구 바늘로 가볍게 찌르면서 다듬어 고정한다.

18 내추럴 고동색 양모를 조금 뭉쳐 입 부분 중심에 놓고 역삼각 모양으로 만들며 1구 바늘로 찌른다.

19 베이스 울을 조금 떼서 5구 바늘로 다져 납작한 반원을 만들고, 2구 바늘로 옆면을 찔러 동그랗게 귀 형태를 만든다.

20 ⑲를 내추럴 갈색 양모로 감싸고 2구 바늘로 찔러 고정한다. 같은 방법으로 2개를 만든다.

21 ⑳을 코를 중심으로 한쪽 귀 부분에 놓고 2구 바늘로 깊이 찌르면서 튼튼하게 고정한다.

22 반대쪽 귀도 대칭을 맞춰 2구 바늘로 찔러 고정하고, 코와 귀 사이에 간격을 맞춰 기화성 펜으로 눈을 그린다.

23 검은색 양모를 조금씩 동그랗게 뭉쳐 양쪽 눈 자리에 놓고 1구 바늘로 찌르며 고정한다.

24 노란색 양모로 가는 선을 만든 (35쪽) 뒤 눈동자 테두리를 따라 1구 바늘로 찔러 고정한다.
tip. 하늘색 등 다른 색 양모를 추가해서 눈에 깊이감을 줄 수 있다.

[머리털]

25 기화성 펜으로 털 심을 자리를 그린다.

26 연갈색과 베이지색 양모 실로 털을 만든(34쪽) 다음, 양모 실을 반으로 접은 상태에서 1구 바늘로 깊이 찔러 고정한다.
tip. 2가지 색을 적절하게 섞어 사용한다.

27 중심을 따라 선을 맞추며 층층이 털을 심는데, 귀 옆 라인까지 심어 채운다.

28 뒤통수 부분도 선을 그어 층층이 털을 심는다.

[연결]

   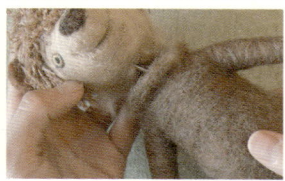

29 기화성 펜으로 입 라인을 그리고 가위로 깊숙이 오린 뒤 2구 바늘로 찔러 정리한다.

30 가위로 머리 앞쪽의 털을 짧게 자른 뒤 전체적인 머리 모양을 다듬는다.

31 눈 윗부분을 1구 바늘로 깊이 찔러 쌍꺼풀을 만든다.
tip. 색을 넣는 것이 아니라 바늘로 찔러 자국을 내는 것이다.

32 머리 아래쪽 중심 부분을 가위로 잘라 실을 풀고 목 부분 철사에 머리를 끼운다.

   **옷**

33 머리와 몸을 2구 바늘로 꼼꼼하게 찌르며 연결한다.
tip. 맞닿는 부분 쪽으로 머리와 몸을 살짝 누르며 찔러야 튼튼하게 고정된다.

34 턱 아랫부분도 짧게 털을 2구 바늘로 찔러 심고 마무리한다.

35 몸에 맞춰 니트 원단을 여유 있게 앞뒤 2장을 재단하고, 시침핀으로 몸 형태에 맞춰 옷을 고정한다.
tip. 원단은 모가 섞인 것을 사용해야 펠트용 바늘로 고정할 수 있다.

36 어깨 부분부터 팔, 겨드랑이, 다리 옆면까지 2구 바늘로 찌르며 연결한다.

37 5구 바늘로 전체 원단을 가볍게 찌르면서 형태를 다듬는다.

38 등과 허벅지는 2구 바늘로 세심하게 라인을 살리면서 찔러 배가 볼록하게 만든다.

39 빨간색 양모로 원단을 만든 다음 발에 놓고 신발 크기로 넉넉하게 재단한다.

40 ㉟의 원단을 발 모양에 맞춰 감싸고 송곳으로 원단 끝부분을 잘 푼 다음 2구 바늘로 비스듬히 찔러 연결한다.

41 발바닥 전체를 씌우고 남는 원단은 잘라내고, 송곳으로 원단 끝부분을 잘 풀어 발 라인을 따라 2구 바늘로 찌르며 모양을 만든다.

42 5구 바늘로 발바닥을 평평하게 다듬는다.

43 2구 바늘로 신발 모양 라인을 잘 살리면서 형태를 다듬은 뒤 같은 방법으로 나머지 한쪽도 만든다.

44 파란색 믹스 양모로 원단을 만든 뒤 가위를 이용해 주머니 모양으로 오린다.

   **가방**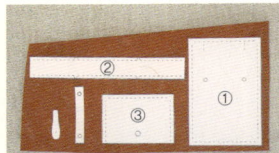

45 ㊹를 배 위에 놓고 2구 바늘로 찔러 가장자리 부분을 정리하며 고정한다.

46 니트 원단을 스카프 패턴으로 재단해서 반으로 접은 뒤 목에 두르고 묶는다.

47 아기 곰 완성.

48 가방 패턴을 오려 가죽 위에 올려놓고 그린다.

49 가위로 오린다. 아기 곰 어깨에 맞춰 가방 끈 2개도 길게 오린다.

50 송곳으로 바느질선 구멍을 뚫는다.

51 가방 패턴 ①과 ②를 구멍에 잘 맞춰 바늘로 꿰맨다.

52 패턴 ③을 대고 바느질해 연결한다.

53 가방 손잡이를 연결한다.

54 가방 단추를 버클 위에 놓고 구멍을 뚫은 뒤 실로 꿰맨다.

55 가방 끈을 어깨 길이에 맞춰 바늘로 꿰맨다.

56 버클에 오링을 달고 마무리한다.

5

말괄량이 삐삐

삐삐
(뼈대 있는 사람 인형)

양 갈래로 땋은 머리, 색깔이 다른 긴 양말 등으로 삐삐의 특징을 살렸습니다.
뼈대가 있어 삐삐의 발랄한 동작도 표현할 수 있어요.
이 인형을 기본으로 해서 다양한 캐릭터의 인형을 만들어보세요.

완성 사진 20쪽

※ 인형 크기에 맞춰 재단한다.

치마(2장)

재료

[양모]
베이스 울
손, 다리
: 살구색
옷
: 청록색
  연두색

● 주황색
● 노란색
신발
: 카키색
얼굴
: 살구색
○ 흰색

● 검은색
● 파란색
● 연갈색
● 연다홍색

[양모 실]
머리카락
: ● 주황색
  ● 연주황색
신발 끈
: ● 회색

[그 외]
철사
옷(체크무늬 모직 원단)
일반 바늘과 실
: ● 빨간색

> 뼈대

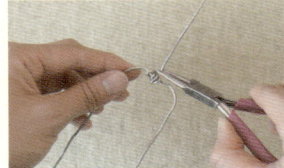   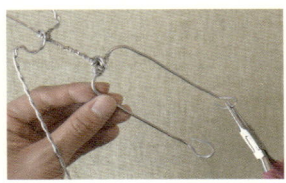

1 철사로 U자를 만든 뒤 중심에 다른 철사를 감아 올려 거꾸로 된 Y자 모양을 만든다. U자 부분이 다리, 감아 올린 철사가 몸통이 된다.

2 ①의 철사가 만나는 부분에서 3cm 정도 위에 철사 두 줄을 직각으로 놓고 중심에서부터 고정하며 꼬아 팔 뼈대를 만든다.

3 철사가 만나는 부분은 가는 철사로 튼튼하게 감아 뼈대가 움직이지 않게 한다.

4 다리 부분의 철사 끝을 동그랗게 구부려 발바닥 모양의 뼈대를 만든다.

> 뼈대에 살 붙이기

  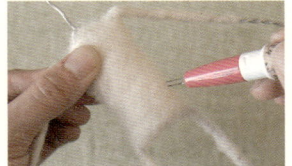 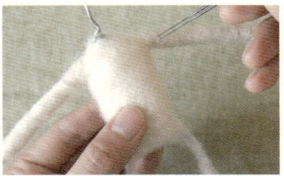

5 베이스 울을 어깨너비, 다리 간격 둘레까지 몸을 중심으로 감싸고 1구 바늘로 찌르며 고정시킨다.

6 베이스 울을 몸통 두께로 골반과 어깨너비만큼 채운다.

7 ⑥의 양모 연결 부분을 2구 바늘로 비스듬히 찌르며 고정한다.

8 양팔과 양다리 부분도 베이스 울로 감고 2구 바늘로 찔러 고정한다.

> 손 연결, 다리

  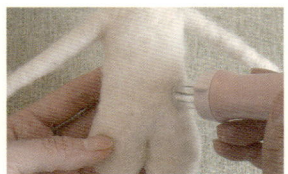 

9 발바닥도 베이스 울로 얇게 감싸고 2구 바늘로 찔러 고정한다.

10 허벅지는 바지 볼륨만큼 도톰하게 감고 연결 부분을 2구 바늘로 찔러 고정한다.

11 몸통 전체 표면을 가볍게 5구 바늘로 찌르면서 형태를 다듬는다.

12 35쪽을 참고해 손을 만들고, 팔과 손의 철사를 꼬아 이어준다.
tip. 팔 길이는 허벅지 정도 닿게 한다.

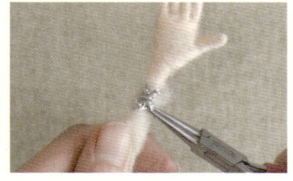  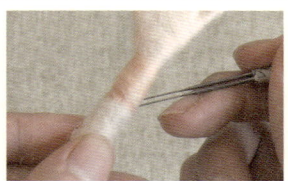 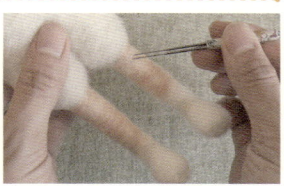

13 플라이어로 ⑫에서 꼬은 철사 2개를 말아 손목 형태에 맞춘다. 감긴 철사가 너무 굵어지지 않도록 주의한다.

14 ⑬을 베이스 울로 얇게 감싼다.

15 ⑭를 살구색 양모로 얇게 감은 뒤 2구 바늘로 찔러 고정한다. 다른 한쪽 손도 같은 방법으로 연결한다.

16 살구색 양모로 다리 부분을 발목까지 감고 2구 바늘로 찔러 고정한다.

> 옷

17 청록색 양모로 원단을 만든 (34쪽) 다음 몸의 중심에 맞춰놓고 몸통 옆면까지 여유 있게 재단한다.

18 옷 옆면을 2구 바늘로 비스듬히 찔러 연결한다.

19 5구 바늘로 가볍게 찌르며 옷 표면을 매끈하게 다듬는다.

20 청록색 양모 원단을 팔 둘레와 소매에 맞게 재단해서 잘 감싸고 2구 바늘로 찔러 연결한다.

   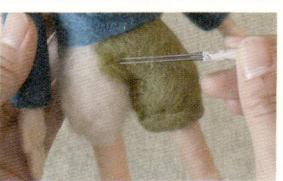

21 어깨 부분을 2구 바늘로 비스듬히 찔러 정리하고 팔 부분 라인을 다듬는다.

22 반대쪽 팔에도 같은 방법으로 청록색 양모 원단을 입히고 5구 바늘로 옷 표면을 평평하게 다듬는다.

23 연두색 양모로 원단을 만든 다음 다리 한쪽을 감아 바지 볼륨을 만든다.

24 바지 중심선 연결 부분을 2구 바늘로 찌르면서 고정한다.

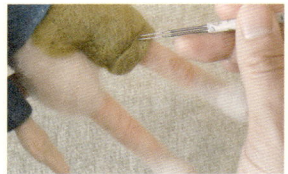 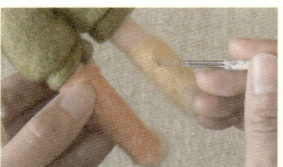  

25 바짓단을 접어 2구 바늘로 찌르며 바지 모양을 만든다. 반대쪽도 같은 방법으로 만든다.

26 왼쪽 다리에는 주황색 양모로 만든 원단, 오른쪽 다리에는 노란색 양모로 만든 원단을 감싸고 2구 바늘로 찔러 고정한다.

27 체크무늬 모직 원단을 몸에 맞게 재단해 앞판과 뒤판 2장을 만든다.

28 앞판과 뒤판을 시침핀으로 고정하고 옆면을 먼저 2구 바늘로 찔러 고정한다.

> 신발

29 일반 바늘에 빨간색 실을 꿰서 옆면을 튼튼하게 감침질한다.

30 목과 어깨 가장자리 라인을 2구 바늘로 찌르며 정리한다.

31 연두색 양모로 만든 원단을 주머니 모양으로 오려 고정하고 빨간색 실로 홈질해서 모양을 낸다.

32 카키색 양모로 원단을 만든 다음 발에 대고 재단해 발 모양에 맞게 2구 바늘로 찔러 고정한다.

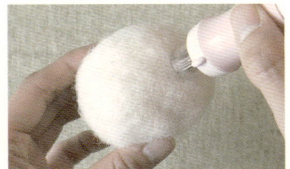

33 발목까지 찔러 잘 다듬고 커버를 덧씌운 뒤 2구 바늘로 모양을 만들며 다듬는다.

34 회색 양모 실 한 줄로 X자 선을 만들면서 1구 바늘로 찌르며 신발 끈을 고정한다.

35 리본도 만들어 1구 바늘로 찔러 넣는다. 같은 방법으로 양쪽 신발을 완성한다.

36 베이스 울을 동그랗게 압축해서 덩어리를 만들고(33쪽) 5구 바늘로 찔러 형태를 다듬는다.

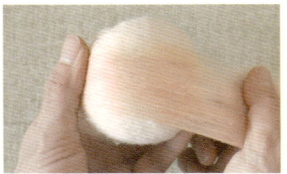

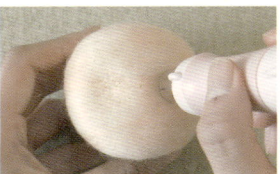

37 ㊱의 얼굴 아랫부분에 베이스 울을 덧붙이고 2구 바늘로 찔러 턱 모양을 만든다.

38 살구색 양모를 얇게 뽑아 얼굴 표면에 밀착시키면서 감싼다.

39 5구 바늘로 가볍게 찌르며 얼굴 표면을 다듬는다.

40 얼굴을 모두 살구색으로 씌우고 눈 자리를 5구 바늘로 찔러 꼼꼼하게 다듬는다.

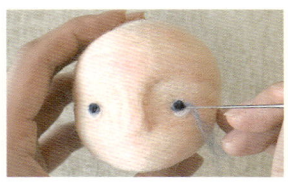

41 살구색 양모를 코 크기로 조금 뽑아 얼굴 중심에 놓고 모양을 다듬으면서 2구 바늘로 찔러 고정한다.

42 흰색 양모로 눈동자 모양을 2개 만들어 1구 바늘로 고정한다.

43 검은색과 파란색 양모로 양쪽 눈동자를 만든다.

44 입은 1구 바늘로 여러 번 깊숙하게 찔러 웃는 모양을 만든다.

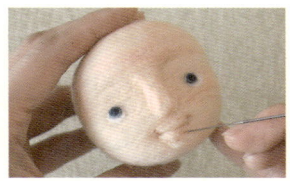
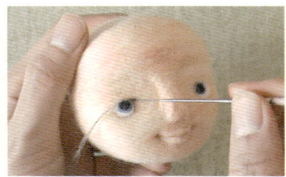
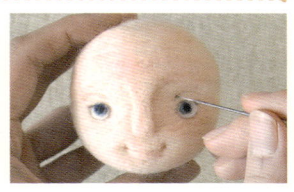

45 입 위아래에 살구색 양모를 조금 붙이고 1구 바늘로 찌르며 입술 모양을 다듬는다.

46 연갈색 양모로 가는 선을 만들어(35쪽) 눈동자 테두리를 따라 1구 바늘로 찔러 고정한다.

47 눈 윗부분을 1구 바늘로 깊이 찔러 쌍꺼풀을 만든다.

48 살구색 양모를 조금 뭉친 뒤 2구 바늘로 가장자리를 찔러 둥글게 귀 모양을 다듬는다. 같은 방법으로 2개를 만든다.

머리카락

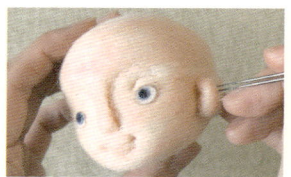 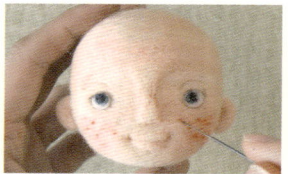 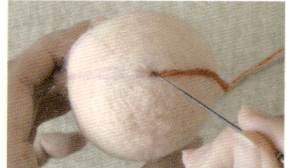 

49 얼굴 옆쪽에 중심선을 잘 맞추고 1구 바늘로 찔러 양쪽 귀를 고정한다.

50 연다홍색 양모를 볼 자리에 놓고 1구 바늘로 찔러 홍조를 만들고 주근깨도 양 볼에 찔러 심는다.

51 머리 윗부분에 기화성 펜으로 중심 라인을 그린 뒤 1구 바늘로 주황색 양모 실을 중심부터 깊숙이 찔러 고정한다.

52 중심에서 귀까지 양모를 덮어가며 1구 바늘로 깊숙하게 고정한다.

53 중심점과 귀 라인까지 덮어가며 반복적으로 양모를 고정시키며 머리카락을 덮어씌운다.
tip. 연주황색 양모 실을 중간 중간 넣어줘도 좋다.

54 주황색 양모 실을 8cm 길이로 여러 번 감아 가닥을 만든 뒤 잘라놓는다.

55 얇은 철사를 10cm 길이로 2개 자른다.

56 철사를 양쪽 머리 자리에 깊이 꽂는다.

  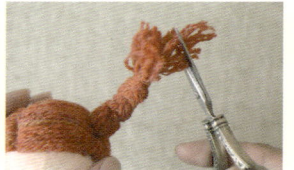 

57 ㉞의 을 철사 주위에 2구 바늘로 찔러 심는다.

58 ㉞의 양모 실을 3등분해 촘촘히 땋아준다.

59 땋은 머리카락 끝부분을 가위로 정리하고 양쪽 머리를 완성한다.

60 앞머리도 중심에서 한 줄씩 1구 바늘로 찌르며 고정시켜 앞머리 숱을 만든다.

연결하기

 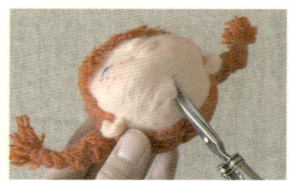  

61 가위로 실을 잘라 머리 라인을 정리한다.

62 턱 아래 중심을 가위로 깊이 구멍을 내고 송곳으로 실을 풀어준다.

63 몸통 철사에 얼굴을 꽂고 2구 바늘로 찔러 튼튼하게 고정한다.

64 삐삐 완성.

응용해서
만들기

이제 기본 인형에서 조금씩 변형해서 만드는 인형을 소개합니다. 크게 다른 부분 위주로 설명했습니다. 여기에서 소개하는 인형을 먼저 만들고 싶다면 기본 인형 만들기 방법을 차근차근 참고하세요. 단, 각각의 모양은 완성된 모습을 참고해서 만들면 됩니다. 만들기에 익숙해지면 자신이 원하는 스타일의 옷이나 머리 모양 등으로 변화를 주어도 좋습니다.

이상한 나라의 앨리스
모자장수

자켓

팔소매

※ 인형 크기에 맞춰 재단한다.

형태
뼈대 없는 사람 인형(앨리스)

재료
[양모]
베이스 울
얼굴 : ● 살구색, ● 검은색, ● 갈색,
● 연다홍색, ● 회갈색
옷 : ● 진초록색
모자 : ● 진보라색

[양모 실]
머리카락 : ● 붉은 갈색

[그 외]
옷(체크무늬 모직 원단)
장식(리본)

순서
1 삐삐 과정 ㊱~㊿(58쪽)을 참고해서 얼굴을 만든다.
2 붉은 갈색 양모 실로 머리카락을 만든다.
3 몸통을 만들어 머리와 연결한다.
4 진초록색 양모로 원단을 만들어(34쪽) 몸통 전체에 두르고 고정한다.
5 체크무늬 모직 원단으로 옷을 만들어 입히고, 살구색 양모로는 손을 만들어 연결한다.
6 진보라색 양모로 모자를 만들어 씌운다.

| 머리카락 | 몸통 | 옷 |

1 붉은 갈색 양모 실을 5.5cm 길이로 머리 숱에 맞게 잘라놓고 (34쪽 '털 만들기' 참고) 가르마를 중심으로 양쪽으로 1구 바늘로 찔러가며 고정한다.

1 베이스 울로 원통 형태(단, 정면에서 보면 사다리꼴)의 몸통을 만들고, 머리와 몸통을 연결한다.(41쪽 시계토끼 과정 ⑧ 참고)

1 체크무늬 모직 원단을 몸통에 둘러 재단한 뒤 목둘레를 접고 1구 바늘로 찔러 고정한다.

| | | 팔과 손 |

2 앞면 양쪽을 접어 옷깃을 만들고 1구 바늘로 찔러 고정한다.

3 밑단도 둥글게 라인을 만들며 접고 1구 바늘로 찔러 고정한다.

1 체크무늬 원단을 2.5cm 길이로 돌돌 말아 본드로 고정하고 살구색 양모를 동그랗게 뭉쳐 손을 만들어 붙인다. 같은 방법으로 2개를 만들고 양팔을 핀으로 몸통에 고정한다.

| 모자 |

1 진보라색 양모로 모자를 만들어 머리 위에 놓고 1구 바늘로 찔러 고정한다.(65쪽 앤 과정 모자 ①~③ 참고)

빨강 머리 앤
앤

형태
뼈대 없는 사람 인형(앨리스)

재료

〚 양모 〛
베이스 울
얼굴 : ● 살구색, ● 청록색, ● 주황색
머리카락 : ● 주황색
옷 : ● 연보라색
모자 : ● 연노란색

〚 양모 실 〛
머리 끈 : ● 진노란색

〚 그 외 〛
주머니(모직 원단)
장식(레이스, 미니 단추)

순서
1 앨리스 과정 ❶～⓭(44쪽)을 참고해서 얼굴과 몸을 만든다.(단, 옷은 연보라색 양모로 원단을 만들어 입힌다.)
2 주황색 원단으로 머리카락을 만든다.
3 연보라색 양모로는 팔, 살구색 양모로는 손을 만든다.
4 모직 원단으로 주머니를 만든다.
5 연노란색 양모로 모자를 만들어 씌운다.

머리카락

1 주황색 양모를 조금 떼서 손가락으로 뭉친다. 이것을 4개 만들어 1구 바늘로 앞머리 부분에 찔러 고정한다.

2 주황색 양모를 조금 떼서 동그랗게 뭉친다. 이것을 2개 만들어 1구 바늘로 찔러 연결하고 머리 양쪽에 1구 바늘로 찔러 고정한다.

3 진노란색 양모 실을 머리 끈 자리에 감고 1구 바늘로 찔러 고정한다.

팔과 손

1 앨리스 과정 ㉒~㉓(45쪽)을 참고해 연보라색 양모로 팔을 2개 만든 뒤 한쪽씩 팔 자리에 1구 바늘로 찔러 고정한다.

주머니

1 모직 원단을 주머니 모양으로 재단해 시접을 접고 몸 중심에 올려 1구 바늘로 찔러 고정한다.

2 레이스를 앞치마 위에 얹고 양끝은 본드로 고정한다.

모자

 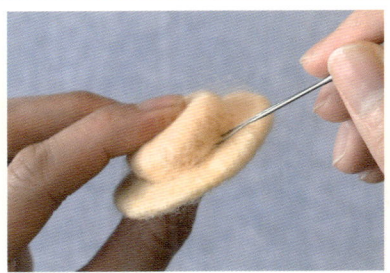 

1 연노란색 양모를 동그랗게 접어 5구 바늘로 여러 번 찔러 납작하게 만든 다음 가장자리는 1구 바늘로 찌르며 동그랗게 정리한다.

2 연노란색 양모를 ①보다 작고 두껍게 뭉친 다음 ① 위에 놓고 손으로 누르면서 1구 바늘로 찔러 고정한다.

3 리본을 두르고 본드로 고정한다.
tip. 이쑤시개에 강력 본드를 조금 묻혀 사용하면 편하다.

빨강 머리 앤
다이애나

형태
뼈대 없는 사람 인형(앨리스)

재료
[양모]
베이스 울
얼굴 : ● 살구색, ○ 흰색,
● 고동색, ● 연다홍색
옷 : ● 노란색, ● 연노란색, ● 연두색

[양모 실]
머리카락 : ● 검은색

[그 외]
앞치마(레이스)
머리 끈(리본)

순서
1 앨리스 과정 ❶～❽(44쪽)을 참고해 얼굴과 몸을 만든다.(단, 옷은 노란색 양모로 원단을 만들어 입힌다.)
2 검은색 양모 실로 머리카락을 만든다.
3 노란색, 연노란색, 연두색 양모로 소매를 만들고, 살구색 양모로 손을 만들어 연결한다.
4 레이스를 둘러 앞치마를 만든다.
5 검은색 양모 실로 땋은 머리 모양을 만들어 붙인다.

소매와 손		땋은 머리

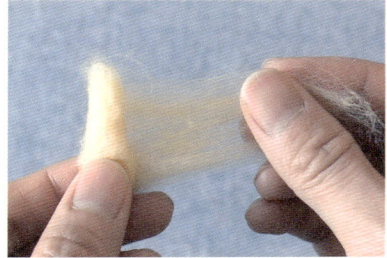  

1 연노란색 양모를 길게 돌돌 말아서 5구 바늘로 찔러 고정한다.

2 ①의 끝부분에 노란색 양모를 동그랗게 씌우고 연두색 양모로 가는 선을 만든 다음 (35쪽) 1구 바늘로 찔러 고정한다. 살구색 양모를 동그랗게 뭉친 다음 다른 쪽 끝에 1구 바늘로 찔러 고정한다.

1 검은색 양모 실을 4cm 길이로 땋은 뒤 1구 바늘로 찔러 양쪽 머리에 고정한다.

2 양쪽 머리에 리본을 본드로 고정하여 완성한다.

브레멘 음악대
당나귀

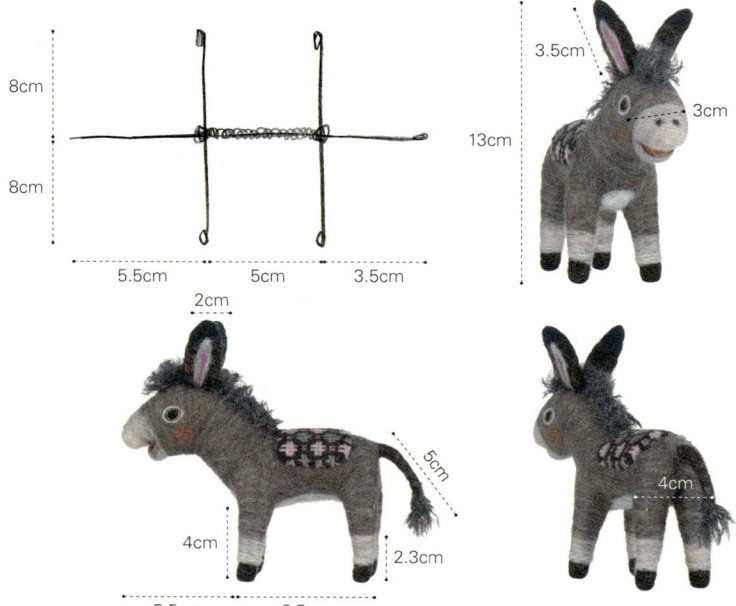

형태
뼈대 있고 네 발로 선
동물 인형(사막여우)

재료
[양모]
베이스 울
머리와 몸통 : ● 내추럴 회갈색
꼬리 : ● 내추럴 고동색
귀 : ● 진녹색, ○ 흰색, ● 분홍색
얼굴 : ○ 흰색, ● 내추럴 고동색,
● 노란색, ● 연다홍색
배 : ○ 흰색
다리 : ○ 흰색, ● 내추럴 고동색

[양모 실]
갈기 : ● 진회색

[그 외]
철사
안장(모직 원단)

순서
1 사막여우 과정 ❶~⓫(47쪽)을 참고해 뼈대를 만들고 뼈대에 베이스 울을 감는다.
2 사막여우 과정 ⓬~⓱(47쪽)을 참고해 내추럴 회갈색 양모로 몸에 색을 입힌다.
3 내추럴 고동색 양모로 꼬리를 만들어 붙인다.
4 머리를 만든다.
5 사막여우 과정 ㉕~㉗(48쪽)을 참고해 눈과 코를 만든다.
6 귀와 입을 만든다.
7 진회색 양모 실로 갈기를 만든다.
8 모직 원단으로 안장을 만든다.

꼬리

1 철사를 내추럴 고동색 양모로 감싸고 진회색 양모 실을 3cm 길이로 자른 다음 1구 바늘로 꼬리 끝에 고정한다. 실 끝을 살짝 풀어준다.

머리

1 베이스 울로 ㄱ자 형태의 덩어리를 만든 다음(33쪽) 1구 바늘로 찔러 몸통과 연결한다. 그 다음 내추럴 회갈색 양모를 얼굴과 목에 씌우며 2구 바늘로 찔러 고정한다.

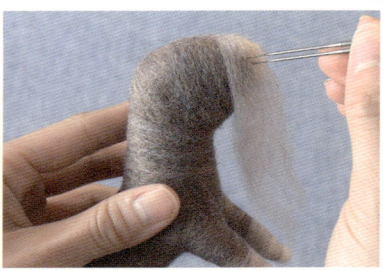

2 머리 앞부분에 흰색 양모를 밑 색이 살짝 비치도록 감싸며 2구 바늘로 고정한다.

귀

1 고동색 양모로 귀 형태를 만들며 접어 2구 바늘로 뭉치고 끝부분은 1구 바늘로 찌르며 정리한다.

2 귀 끝부분은 진녹색 양모를 감아 1구 바늘로 고정하고, 귀 안쪽은 흰 양모를 얇게 놓고 1구 바늘로 찔러 고정한다. 같은 방법으로 2개를 만든다.

입

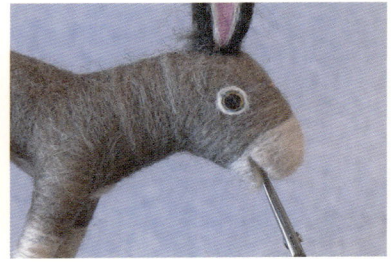

1 가위로 입 부분을 자른다.

2 ①에서 자른 부분을 1구 바늘로 찔러 다듬는다.

3 연다홍색 양모로 반원을 만들어 입 안쪽에 놓고 1구 바늘로 찔러 고정하고, 내추럴 고동색 양모로 가는 선을 만들어(35쪽) 입술 라인을 만든다.

배

1 흰색 양모를 얇게 펼쳐 가슴과 배 부분에 동그란 모양을 만들며 2구 바늘로 찔러 고정한다.

갈기

 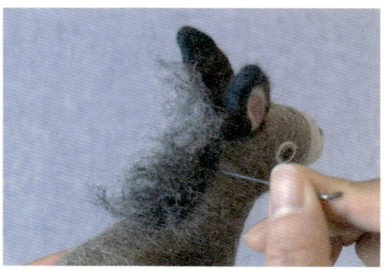 

1 진회색 양모 실을 4cm 이상 길이로 여유 있게 자르고 미니 핸드 카더로 실을 풀어 준다.

2 ①을 머리부터 목까지 1구 바늘로 찔러 고정한다.

3 가위로 털을 가지런히 다듬는다.

안장

1 모직 원단을 네모로 잘라 등 부분에 1구 바늘로 찔러 고정한다.

브레멘 음악대
닭

형태
뼈대 없는 동물 인형(시계토끼)

재료
[양모]
베이스 울
머리와 몸통 : ○ 아이보리색
눈 : ● 고동색, ● 연회색, ● 갈색
부리 : ● 노란색
볏 : ● 빨간색
날개와 꼬리 : ● 청록색

[양모 실]
발 : ● 노란색

[그 외]
철사
장식(리본)

순서
1 완성된 모습을 참고해 베이스 울로 몸통을 만든다.(33쪽 '덩어리 만들기' 참고)
2 몸통에 아이보리색 양모를 얇게 감으며 바늘로 고정한다.
3 눈과 부리를 만든다.
4 빨간색 양모로 볏을 만든다.
5 철사와 노란색 양모 실로 발을 만든다.
6 청록색 양모로 날개와 꼬리를 만든다.
7 목에 리본을 감는다.

볏

1 빨간색 양모를 조금 떼서 손가락으로 비벼 가늘게 뭉치고 끝은 1구 바늘로 찔러 정리한다.

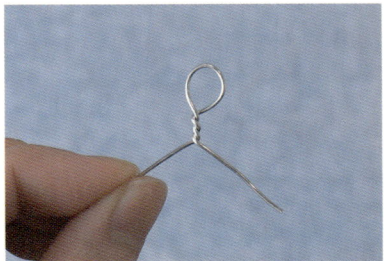

2 ①을 5개 만들어 3개는 머리 위, 2개는 부리 아래쪽에 1구 바늘로 찔러 고정한다.

발

1 가는 철사를 세 번 정도 꼬아서 작은 원을 만든다.

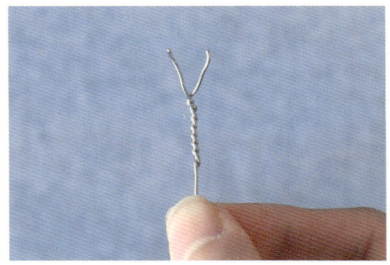

2 ①의 원 중간을 끊어 두 가닥으로 나눈다.

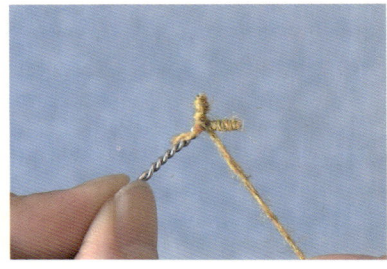

3 노란색 양모 실로 철사를 감싼다. 같은 방법으로 다리를 2개 완성한다.
tip. 몸과 연결할 부분은 감싸지 않는다.

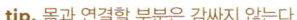

4 몸통의 양 다리가 들어갈 부분에 송곳으로 구멍을 내고 ③을 넣은 다음 본드로 고정한다.

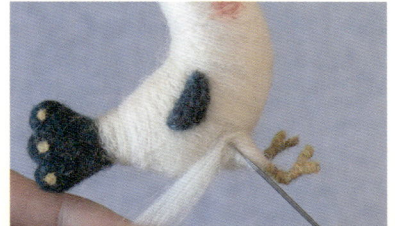

5 다리 연결 부분에 아이보리색 양모를 감고 1구 바늘로 찔러 고정한다.

꼬리

1 청록색 양모를 삼각형으로 뭉친 다음 끝부분을 1구 바늘로 깊게 찔러 라인을 3개 만든다.

2 노란색 양모를 조금 떼서 꼬리 끝부분에 1구 바늘로 찔러 점 무늬를 만든다.

골디락스와 세 마리 곰
아빠 곰

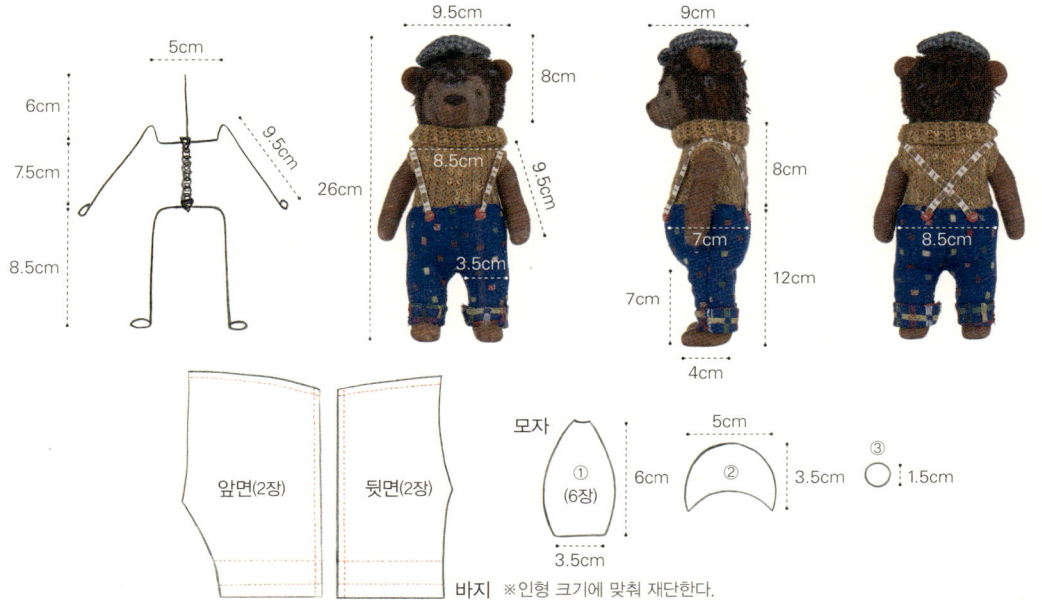

형태
뼈대 있고 두 발로 선
동물 인형(아기 곰)

재료
〖 양모 〗
베이스 울
몸통 : ● 내추럴 울 갈색
얼굴 : ● 내추럴 울 갈색 믹스,
● 내추럴 울 고동색, ● 검은색,
● 노란색, ● 초록색
귀 : ● 내추럴 울 갈색

〖 양모 실 〗
털 : ● 갈색, ● 진갈색, ● 회색

〖 그 외 〗
철사, 옷(니트 원단, 모직 원단),
멜빵(리본, 빨간색 펠트지),
모자(체크무늬 모직 원단),
일반 바늘과 실

순서
1 아기 곰 과정 ❶~㉞(51쪽)를 참고해 아빠 곰을 만든다.
2 니트 원단과 모직 원단으로 옷을 만들어 입힌다.
3 모자를 만들어 씌운다.

옷

1 상반신에 맞춰 니트 원단을 2장 재단한 뒤 시침핀으로 몸 형태에 맞춰 고정한다. 어깨, 팔, 겨드랑이 옆면을 2구 바늘로 찌르며 연결한다.

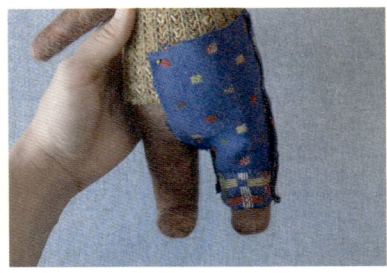

2 하반신에 맞춰 모직 원단을 재단해 시침핀으로 고정한다.

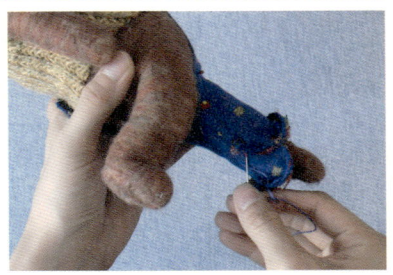

3 한쪽씩 바느질해 입힌다.

4 허리도 바느질해 고정한다.

5 빨간색 펠트지를 동그랗게 2개 오려 바지 앞에 1구 바늘로 고정하고, 리본으로 멜빵을 두른 뒤 바늘로 꿰맨다.

모자

1 체크무늬 모직 원단에 모자 패턴(패턴①)을 그리고 재단해 사진과 같이 놓고 시침핀으로 고정한다.

2 원단이 겹친 부분을 박음질로 고정한다.

3 안쪽으로 반 접고 뒤집어서 바늘로 꿰맨다.

4 같은 원단으로 모자챙을 재단(패턴②)해서 ③의 앞부분에 대고 바늘로 꿰맨다.

5 같은 원단을 동그랗게 재단(패턴③)해 윗 단추를 만들어 모자 중앙에 놓고 바늘로 꿰맨다.

tip. 완성된 모자는 곰 머리 위에 놓고 핀으로 고정한다.

완성 사진 13쪽

골디락스와 세 마리 곰
엄마 곰

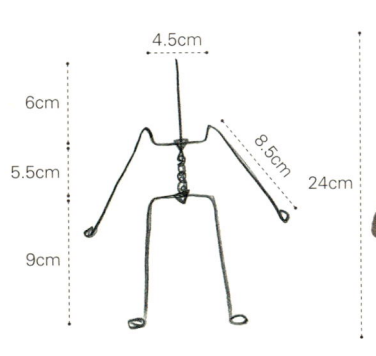

앞치마

※인형 크기에 맞춰 재단한다.

형태
뼈대 있고 두 발로 선
동물 인형(아기 곰)

재료
〖 양모 〗
베이스 울
몸통 : ● 내추럴 회갈색
얼굴 : ● 베이지색, ● 고동색,
● 검은색, ● 노란색, ● 초록색,
● 내추럴 갈색, ● 연다홍색
귀 : ● 내추럴 회갈색
치마 : ● 보라색

〖 양모 실 〗
털 : ● 회갈색, ● 진노란색

〖 그 외 〗
철사, 옷(니트 원단),
앞치마와 두건(면 원단), 허리 끈(리본)
장식(레이스, 단추), 일반 바늘과 실

순서
1 아기 곰 과정 ❶~㉞(51쪽)를 참고해 엄마 곰을 만든다.
2 니트 원단과 보라색 양모, 면 원단으로 옷을 만들어 입힌다.
3 두건를 만들어 씌운다.

옷

  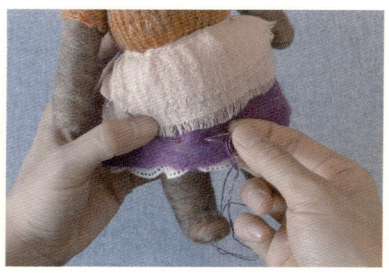

1 니트 원단을 상반신에 맞춰 2장 재단해 상의를 입히고, 보라색 양모로 원단을 만들어 (34쪽) 하반신에 맞춰 재단한 뒤 허리에 감고 허리 라인을 잡으며 1구 바늘로 찔러 고정한다.

2 면 원단을 접어 앞치마를 만든 다음 치마 위에 놓고 허리 부분을 바늘로 꿰맨다.

3 레이스를 치마 밑단 안쪽에 대고 바늘로 꿰맨다.

두건

4 허리에 리본을 두르고 바늘로 꿰맨다.

1 면 원단을 사각형으로 재단해 반으로 접는다. 가장자리에 레이스를 두르고 바늘로 꿰맨다.

2 두건 한쪽에 단추를 단다.

3 머리 위에 씌우고 시침핀으로 고정하거나 실로 꿰매 고정한다.

늑대와 일곱 마리 아기 염소
아기 염소

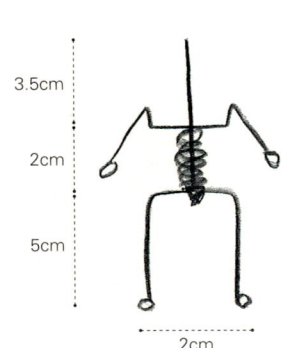

형태

뼈대 있고 두 발로 선
동물 인형(아기 곰)

재료

【 양모 】

베이스 울
얼굴 : ○ 내추럴 울 흰색, ● 고동색,
● 보라색, ● 연노란색,
● 회갈색, ● 연분홍색
발 : ● 내추럴 울 회색
뿔 : ● 진노란색
귀 : ○ 내추럴 울 흰색, ● 분홍색
옷 : ● 파란색

【 양모 실 】

털 : ○ 흰색
뿔 : ● 노란색

【 그 외 】

철사, 레이스

순서

1. 아기 곰 과정 ❶~㉞(51쪽)를 참고해 아기 염소를 만든다.
2. 노란색 양모로 뿔을 만들고 흰색과 분홍색 양모로 귀를 만들어 붙인다.
3. 흰색 양모 실로 양털 느낌을 살린다.
4. 옷을 입힌다.
5. 꼬리를 만들어 붙인다.

뿔과 귀

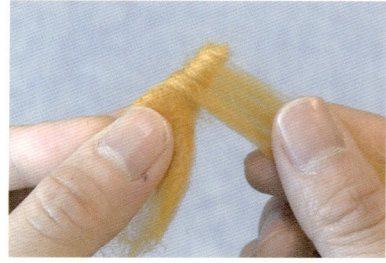 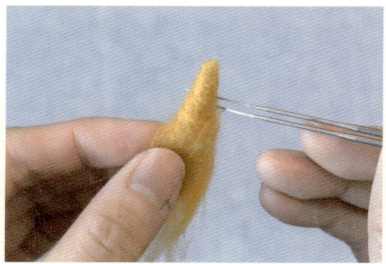 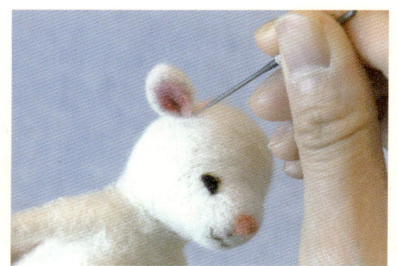

1 진노란색 양모를 삼각형으로 접은 다음 같은 양모를 얇게 펴서 감아 삼각뿔 형태를 잡는다.

2 ①을 2구 바늘로 찔러 단단하게 뭉치고 끝은 뾰족하게 다듬는다.

3 흰색과 분홍색 양모를 납작하게 만들어 겹쳐놓고 고정한다. 귀 모양으로 자른 뒤 머리 양쪽에 1구 바늘로 찔러 고정한다.

양털과 옷

4 ②를 머리 위에 놓고 1구 바늘로 찔러 고정하고 노란색 양모 실을 감아 모양을 내고 1구 바늘로 고정한다.

1 기화성 펜으로 얼굴에 털 심을 선을 그린 뒤 흰색 양모 실을 1구 바늘로 찔러 넣어 보송보송한 털 느낌을 살린다.

2 파란색 양모로 원단을 만들어(34쪽) 옷을 양의 몸통에 맞게 재단해 입힌 뒤 다리에도 흰색 양모 실을 1구 바늘로 찔러 넣는다.

꼬리

1 흰색 양모 실을 동그랗게 서너 번 말아준다.

2 ①을 엉덩이 중심에 놓고 1구 바늘로 찔러 고정한다.

장화 신은 고양이
고양이

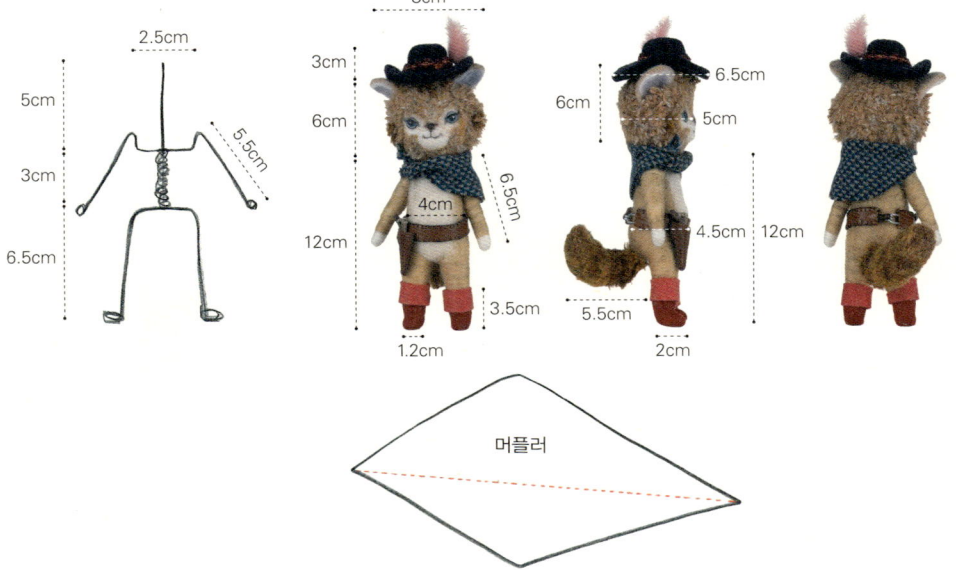

형태	재료	순서
뼈대 있고 두 발로 선 동물 인형(아기 곰)	[양모] 베이스 울 몸통 : 내추럴 노란색 얼굴 : 베이지색, 내추럴 고동색, 파란색, 하늘색 귀 : 연보라색, 흰색 발 : 흰색 장화 : 빨간색 모자 : 남보라색 [양모 실] 꼬리 : 노란색, 진노란색 [그 외] 철사, 스카프(모직 원단), 장화(다홍색 펠트지), 허리띠(가죽), 장식(리본, 깃털), 일반 바늘과 실	1 아기 곰 과정 ①~㉞(51쪽)를 참고해 고양이를 만든다. 2 장화, 모자, 허리띠를 만든다. 3 꼬리는 철사에 베이스 울을 감싼 다음 양모 실을 심어 만들고 엉덩이 부분에 찔러 고정한다. (꼬리털 심기는 48쪽 ⑱~⑳ 참고.)

장화

1 빨간색 양모로 원단을 만든(34쪽) 뒤 1구 바늘로 찔러 발에 씌우고 다홍색 펠트지를 발목에 감은 다음 바늘로 꿰맨다.

모자

1 남보라색 양모로 원단을 만들어 동그랗게 오린 다음 그 위에 베이스 울을 동그랗게 뭉쳐서 올리고 1구 바늘로 찔러 연결한다.

2 베이스 울 위에 남보라색 양모를 씌우고 1구 바늘로 찌르며 연결한다.

3 리본과 깃털로 장식한 뒤 모자 양쪽을 누르고 1구 바늘로 찔러 모양을 만든다.

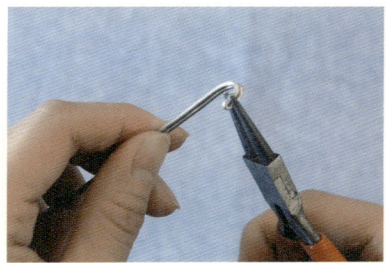

허리띠

1 철사를 사진과 같은 모양으로 구부린다. 구부린 철사를 걸 수 있도록 U자 모양으로 도 1개 만든다.

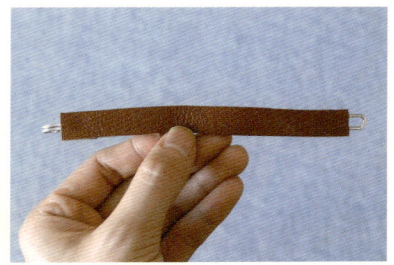

2 가죽을 허리에 맞게 재단한 뒤 ①의 철사를 양쪽 끝에 강력 본드로 붙인다.

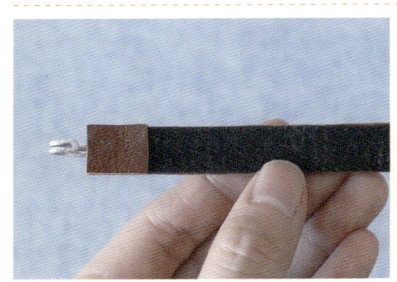

3 철사를 붙인 부분에 가죽을 덧댄다.

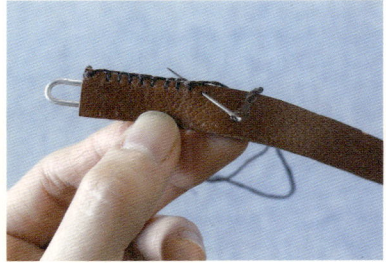

4 버튼홀 스티치로 위아래 가장자리를 바느질한다.

5 가죽을 총 주머니 모양으로 2장 재단해 버튼홀 스티치로 연결하고 허리띠에 강력 본드로 붙인다.

장화 신은 고양이
장화

2.7cm / 2.5cm / 3cm

형태
소품

재료
[양모]
베이스 울
● 내추럴 회갈색
● 내추럴 고동색

[양모 실]
● 진밤색

순서
1 베이스 울로 ㄱ자 모양 덩어리를 만든다.
2 내추럴 회갈색 양모로 색을 입힌다.
3 진밤색 양모 실로 신발 끈을 붙인다.

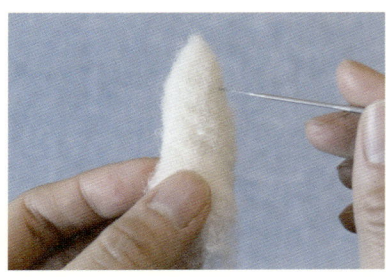  

1 베이스 울로 사진과 같이 뾰족한 형태를 만든 뒤 1구 바늘로 찔러 뭉친다.

2 ①을 ㄱ자로 구부려 뒤꿈치 부분을 1구 바늘로 찔러 다듬는다.

3 베이스 울을 조금 뭉쳐 뒤꿈치 바닥 쪽에 놓고 1구 바늘로 찔러 굽을 만든다.

4 내추럴 회갈색 양모로 전체를 감싼 뒤 1구 바늘로 찔러 색을 입히고, 바닥과 굽은 내추럴 고동색 양모로 색을 입힌다.

5 내추럴 회갈색 양모를 5구 바늘로 납작하게 다진 뒤 신발 옆면에 붙이고 1구 바늘로 고정한다.

6 진밤색 양모 실을 1구 바늘로 찔러 넣으며 신발 끈과 리본을 만들어 1구 바늘로 찔러 고정한다.

아기 돼지 삼 형제
아기 돼지

형태
울콘 베이스(37쪽)로 만든 인형

재료
[양모]
베이스 울
몸통 : ● 연분홍색
얼굴 : ○ 흰색, ● 갈색, ● 연다홍색
옷 : ● 파란색

[양모 실]
허리띠 : ● 회갈색
모자 : ● 빨간색, ● 연두색, ● 노란색

[그 외]
철사
멜빵(끈, 미니 단추)

순서
1 울콘을 만든다.(37쪽)
2 연분홍색 양모로 색을 입힌다.
3 연분홍색 양모로 코와 입을 만든다.
4 눈, 눈썹, 볼과 주근깨 등을 만든다.
5 연분홍색 양모로 귀를 만든다.
6 옷을 입힌다.
7 꼬리를 만든다.
8 모자를 만들어 씌운다.

코와 입

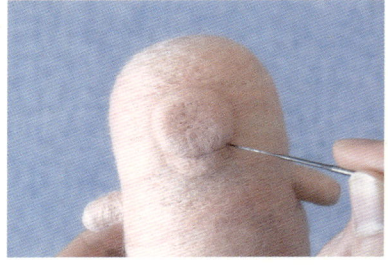

1 연분홍색 양모를 5구 바늘로 납작하게 뭉친 다음 코 위치에 놓고 1구 바늘로 찔러 고정한다. 같은 양모를 입 모양으로 뭉쳐 코 밑에 놓고 1구 바늘로 덧붙인다.

귀

1 연분홍색 양모를 5구 바늘로 납작하게 뭉쳐 머리 위에 놓고 1구 바늘로 찔러 고정한 뒤 가위로 자르며 귀 모양으로 다듬는다.

옷

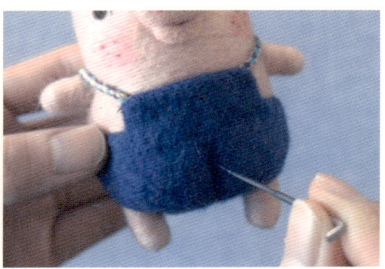

1 파란색 양모로 원단을 만들어(34쪽) 몸통에 덧붙이며 멜빵바지를 입힌 뒤 리본으로 멜빵을 두르고 고정한다. 바지 중앙을 1구 바늘로 깊게 찌르며 라인을 만든다.

꼬리

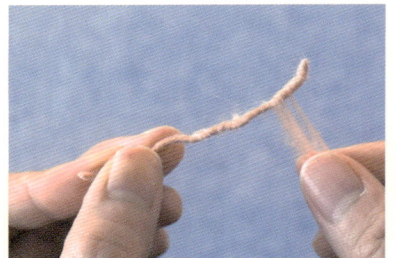

1 철사에 연분홍색 양모를 감고 목공 본드로 고정한다.

2 ①을 동그랗게 구부려 돼지 꼬리 모양을 만든다.

3 돼지 엉덩이에 송곳으로 구멍을 낸 다음 꼬리 끝부분에 본드를 묻혀 집어넣고 1구 바늘로 찌르며 주변을 정리한다.

모자

1 빨강 머리 앤의 모자 만들기(65쪽)를 참고해 모자를 만든 다음 머리 위에 올리고 1구 바늘로 찔러 고정한다.

17

피노키오
피노키오

조끼

바지(2장) ※인형 크기에 맞춰 재단한다.

형태
뼈대 있는 사람 인형(삐삐)

재료
[양모]
베이스 울
몸통 : ● 살구색
얼굴 : ● 살구색, ● 붉은 갈색,
● 검은색, ● 청록색, ○ 흰색,
● 회갈색, ● 연다홍색
옷 : ○ 흰색
모자 : ● 진노란색
리본 : ● 청록색

[양모 실]
머리카락 : ● 진노란색, ● 진갈색
모자 : ● 파란색, ● 청록색

[그 외]
철사, 옷과 신발(연두색 니트 원단,
체크무늬 모직 원단), 멜빵(가죽 끈),
미니 단추, 일반 바늘과 실

순서
1. 삐삐 과정 ❶~⓫(56쪽)을 참고해 몸통을 만든다. 단, 특징적인 부분은 87쪽 몸통 만들기를 참고한다.
2. 삐삐 과정 ㊱~㊿(58쪽)을 참고해 얼굴을 만든다.
3. 코를 길게 만들어 붙인다.
4. 노란색 양모로 모자를 만든다.
5. 옷을 만들어 입힌다.
6. 청록색 양모로 리본을 만들어 셔츠 앞부분에 단다.
7. 연두색 니트 원단으로 조끼를 만들어 입힌다.

몸통

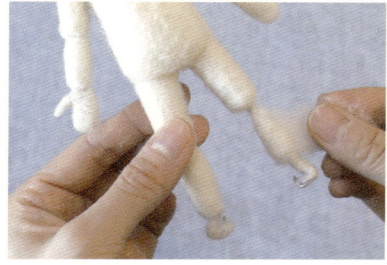 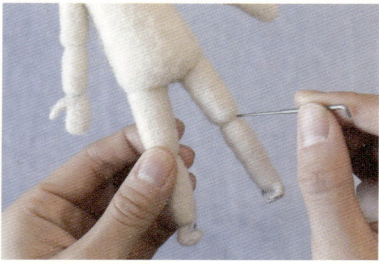 

1 팔과 다리는 관절 부분이 표현되도록 베이스 울을 감은 뒤 5구 바늘로 찔러 뭉친다.

2 관절 부분을 1구 바늘로 찌르며 눌러준다.

3 ②에 살구색 양모를 씌우고 손으로 살짝 누르면서 2구 바늘로 찔러 고정한다.

코

  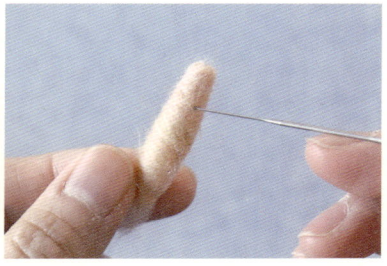

4 몸통에 색을 입혀 완성한 모습.
tip. 손 만들기는 36쪽 참조.

1 살구색 양모를 가늘고 길게 뭉쳐 덩어리를 만든다.

2 1구 바늘로 찔러 끝부분을 더 가늘게 만든다.

모자

3 얼굴 중앙에 놓고 1구 바늘로 찔러 연결하고 다듬는다.

4 회갈색 양모를 얇게 펴 코를 감싸면서 1구 바늘로 찔러 고정한다.

1 노란색 양모로 원단을 만든(34쪽) 다음 끝을 두 번 접는다.

옷과 리본

2 머리에 두르고 1구 바늘로 찔러 고정한다.

3 끝부분을 고깔 모양으로 접고 재단한 다음 2구 바늘로 다듬는다.
tip. 시침핀으로 고정해놓고 다듬으면 편하다.

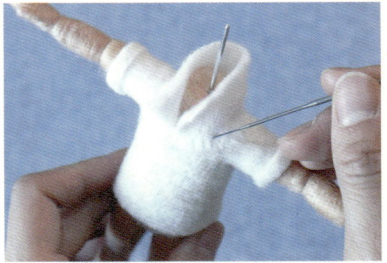

1 흰색 양모로 원단을 만들어 상반신에 맞춰 재단한 다음 옷깃이 있는 반팔 티셔츠 모양으로 입힌다.

2 목 부분의 원단을 접고 가위로 다듬어 둥근 옷깃을 만들고 1구 바늘로 찔러 다듬는다.

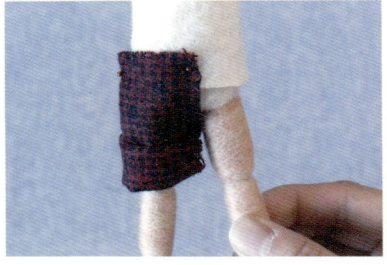

3 체크무늬 모직 원단을 하반신에 맞춰 재단한 다음 아랫단을 접고 다리 한쪽씩 시침핀으로 고정한다.

4 바늘로 꿰매며 바지를 입힌다.

5 가죽 끈을 어깨에 두르고, 사진과 같이 바늘로 꿰맨다.

6 파란색 양모로 원단을 만들어 반으로 접는다.

7 중앙에 파란색 양모를 덧씌우고 1구 바늘로 가장자리를 찔러 리본 모양을 만든 다음 셔츠 앞부분에 단다.

8 연두색 니트 원단을 재단한 다음 팔이 들어갈 위치에 가위로 구멍을 2개 내서 입힌다.

완성 사진 19쪽

빨간 모자
빨간 모자 소녀

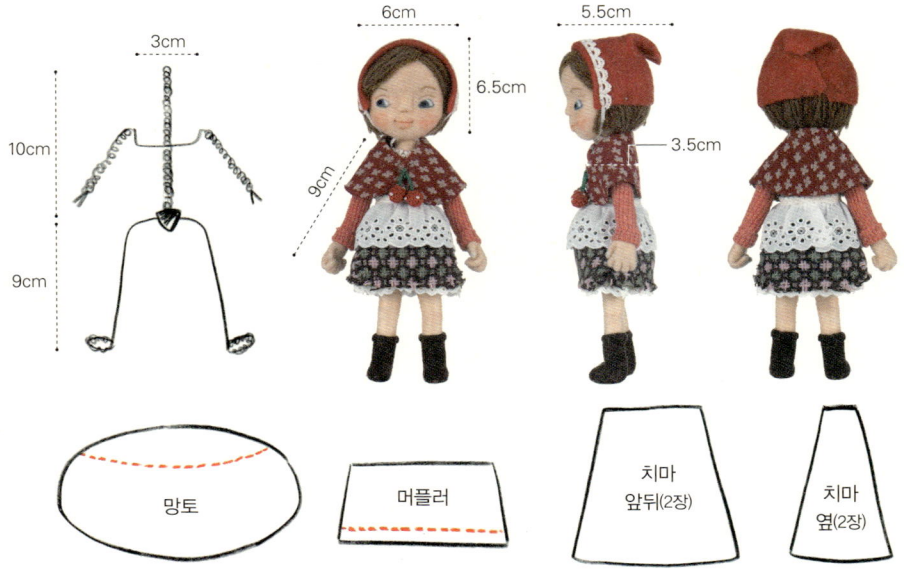

※ 인형 크기에 맞춰 재단한다.

형태
뼈대 있는 사람 인형(삐삐)

재료
[양모]
베이스 울
몸통 : ● 살구색
얼굴 : ● 살구색, ○ 흰색, ● 검은색,
● 파란색, ● 연다홍색, ● 연갈색
모자 : ● 빨간색
신발 : ● 고동색

[양모 실]
머리카락 : ● 진노란색, ● 연갈색

[그 외]
철사, 옷(분홍색 니트 원단, 진분홍색 니트 원단, 체크무늬 모직 원단), 망토(니트 원단), 레이스, 리본 끈, 뜨개 앵두, 일반 바늘과 실

순서
1 삐삐 과정 ❶∼❺(56쪽)를 참고해 몸통을 만든다. 단, 특징적인 부분은 (91쪽) 몸통 만들기를 참고한다.
2 옷과 신발을 만든다.
3 삐삐 과정 ㊱∼㊶(58쪽)에 이어 빨간 모자 소녀 얼굴을 만든다.
4 진노란색과 연갈색 양모 실로 머리카락을 만들고, 빨간색 양모로 모자를 만들어 씌운다.
5 망토를 입힌다.

몸통

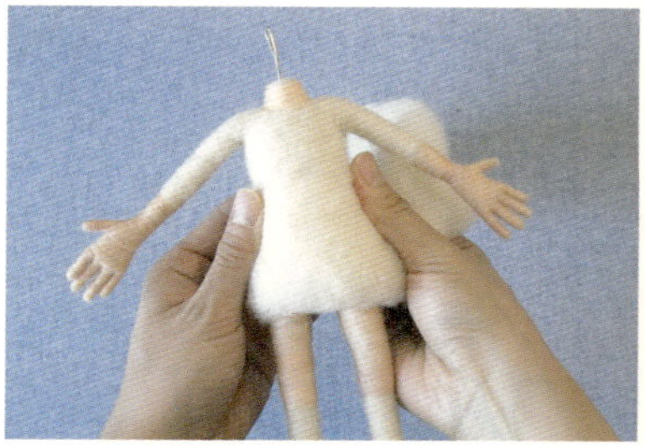

1 치마를 입힐 부분에 베이스 울을 2구 바늘로 찔러 고정하며 치마 형태를 만들고, 5구 바늘로 찌르며 전체적인 모양을 다듬는다.

옷과 신발

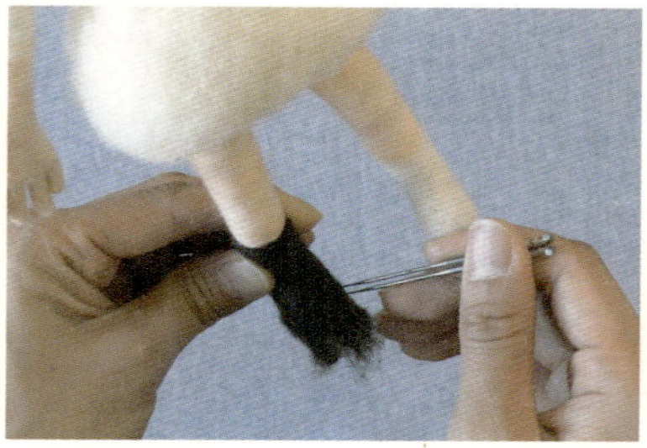

1 고동색 양모로 원단을 만들어(34쪽) 발을 감싸고 2구 바늘로 찔러 고정한다.

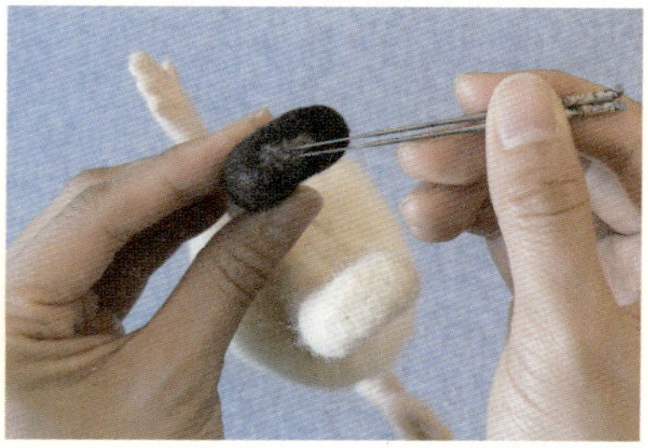

2 발바닥 전체를 씌우고 남는 원단은 잘라내고, 송곳으로 원단 끝부분을 잘 풀어 발 라인을 따라 2구 바늘로 찌르며 모양을 만든다.

tip. 이때 철사에 바늘이 닿지 않도록 조심한다.

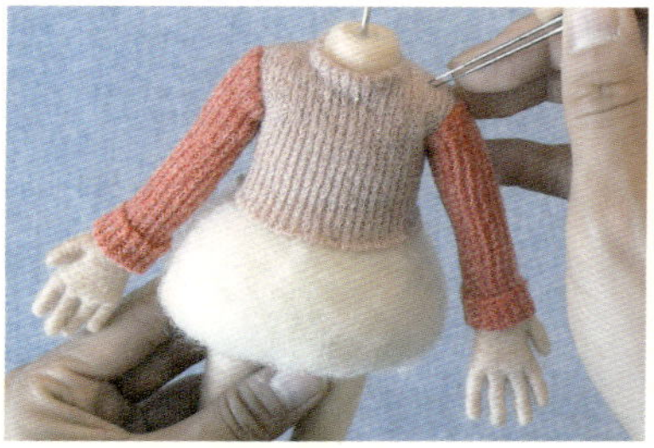

3 분홍색과 진분홍색 니트 원단을 상반신과 팔에 맞춰 재단한 다음 몸에 잘 맞게 2구 바늘로 찔러 고정한다.

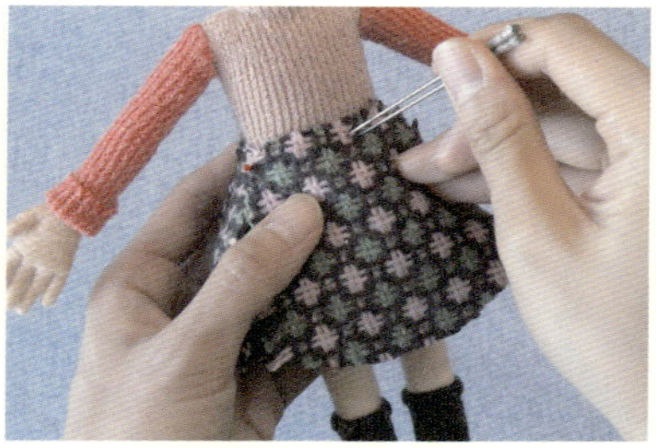

4 모직 원단을 4조각으로 재단해 허리에 시침핀으로 고정한다. 2구 바늘로 찔러 허리 라인과 원단 연결 부분을 고정하고 다듬는다.

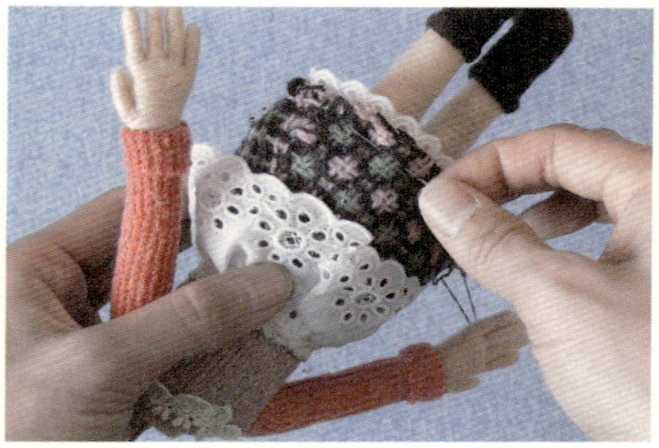

5 목둘레, 치맛단, 허리 부분에 각각 레이스를 두르고 바느질한다.

얼굴 : 삐삐 ㊱~㊶까지 작업한 후

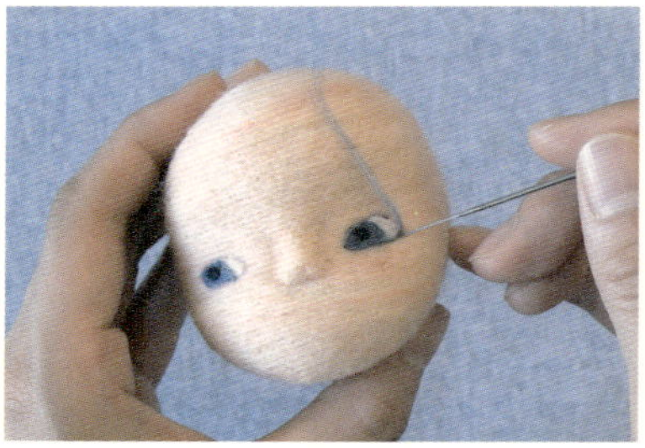

1 삼각 형태로 눈을 그린 다음 먼저 파란색 양모를 1구 바늘로 찔러 고정하고 흰색 양모로 흰자위를 만든다. 검은색 눈동자는 파란색 위에 겹쳐서 동그랗게 1구 바늘로 찔러 고정하고, 파란색 양모로 가는 선을 만들어 테두리에 1구 바늘로 찌르며 고정한다.

tip. 눈동자의 대칭을 잘 맞춰야 한다.

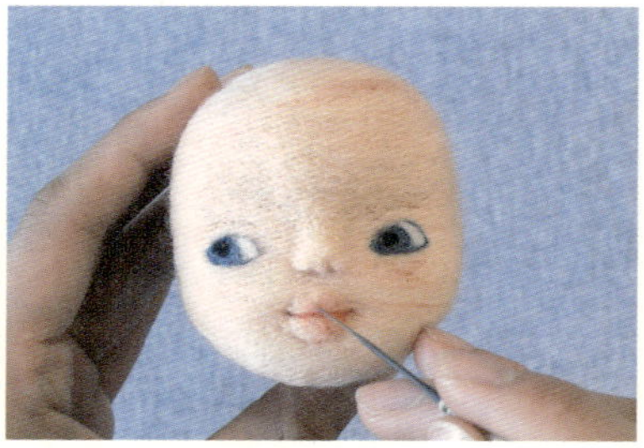

2 살구색 양모를 얇게 뭉친 다음 1구 바늘로 아랫입술과 윗입술에 찔러 연결한다.

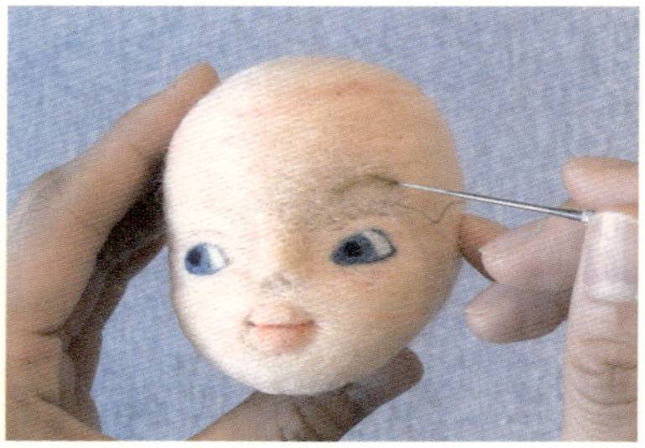

3 연갈색 양모로 가는 선을 만든(35쪽) 뒤 1구 바늘로 찔러 넣으며 눈썹을 만든다.

| 머리카락과 모자 |

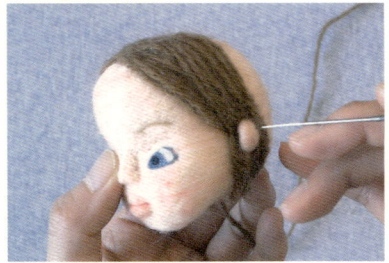

1 머리 중간에 중심선을 그린 다음 연갈색 양모 실을 반쪽씩 1구 바늘로 찔러 깊숙하게 고정하면서 턱 라인까지 심는다.

2 진노란색 양모 실을 1구 바늘로 겹겹이 찔러 고정한다.

3 앞머리도 옆으로 가르마를 탄 다음 1구 바늘로 찔러 고정하고 길이에 맞춰 가위로 자른다.

4 옆머리도 가위로 잘라 단발머리를 만든다.

5 빨간색 양모로 원단을 만들어 머리둘레에 맞춰 재단한 뒤 머리에 씌우고 시침핀으로 고정한다.

6 머리 뒤쪽 라인으로 원단을 한 장씩 겹치면서 2구 바늘로 찔러 고정한다.

7 옆쪽을 2구 바늘로 찔러 모자를 고정시킨 뒤 리본 띠를 두르고 바느질해 모자 끈을 만든다.

8 끈을 묶어 모자를 완성한 다음 머리를 몸에 끼우고 목을 2구 바늘로 찔러 다듬으면서 연결한다.
tip. 모자를 씌운 다음 앞머리를 한 번 더 정리한다.

| 망토 |

1 니트 원단을 재단해서 목 라인을 접고 다림질로 눌러준 다음 어깨에 둥근 라인을 잘 살려 입히고 1구 바늘로 찔러 고정한다.

19

빨간 모자
늑대

완성 사진 19쪽

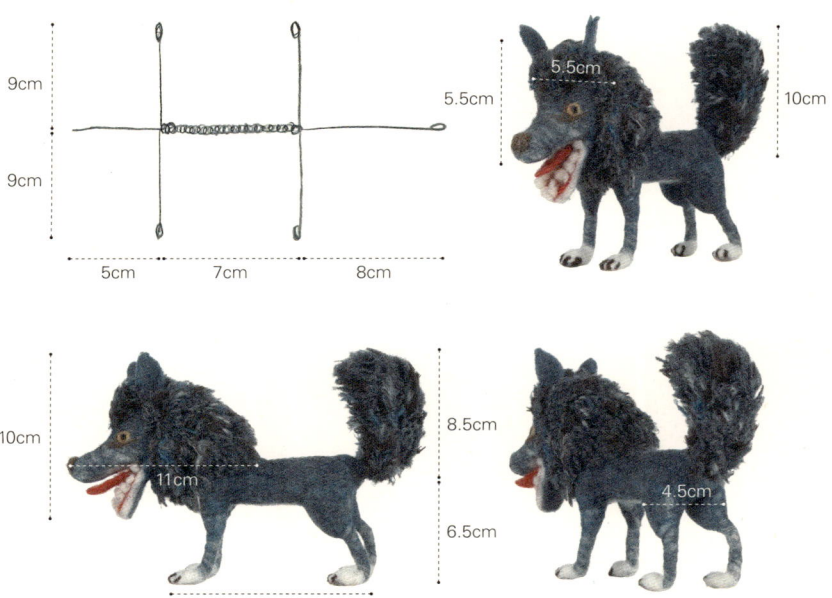

형태
뼈대 있고 네 발로 선
동물 인형(사막여우)

재료
〖 양모 〗
베이스 울
몸통 : ● 회청색, ○ 흰색
귀 : ● 회청색
눈 : ● 노란색, ● 내추럴 갈색,
● 검은색
코 : ● 내추럴 갈색
입 : ● 빨간색
이빨 : ○ 흰색

〖 양모 실 〗
털 : ● 진회색, ● 고동색, ○ 흰색

〖 그 외 〗
철사

순서
1 사막여우 과정 ❶~⓫(47쪽)을 참고해 뼈대를 만들고 베이스 울을 감는다.
2 사막여우 과정 ⓬~⓱(47쪽)을 참고해 회청색 양모로 몸통에 색을 입힌다.
3 사막여우 ㉑~㉘(48쪽)을 참고해 머리를 만든다. 단, 입과 이빨은 94쪽을 참고한다.
4 머리와 몸을 연결한다.
5 양모 실로 털을 만들어 붙인다.

배

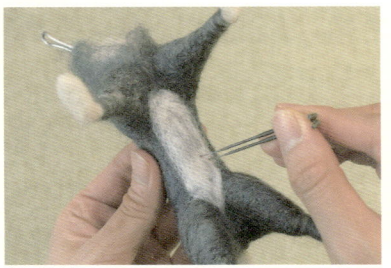

1 배 부분은 흰색 양모를 둥글고 얇게 펼쳐 놓고 2구 바늘로 찔러 고정한다.

입과 이빨

1 회청색 양모, 베이스 울, 빨간색 양모 순서로 쌓는다.

2 ①을 5구 바늘로 찔러 압축한다.

3 ②를 입 모양으로 여유 있게 재단한 다음 2구 바늘로 찔러 코 아랫부분에 연결한다.

4 ③을 입 크기에 맞춰 가위로 자르고 정리한다.

5 빨간색 양모 원단을 오려 혓바닥을 만들고, 흰색 양모를 작게 여러 개 뭉쳐 이빨을 만든 뒤 1구 바늘로 하나씩 찔러 고정한다.

6 눈, 코, 입이 완성된 모습. 회청색 양모를 다지고 귀 모양으로 2개 오린 다음 코를 중심으로 양쪽에 1구 바늘로 찔러 고정한다.

털

1 털을 심을 자리에 기화성 펜으로 선을 긋고 진회색 양모 실을 목 아래쪽부터 머리 위까지 한 줄씩 1구 바늘로 찔러 고정한다.
tip. 고동색, 흰색 양모 실도 함께 적절하게 섞어 사용한다.

2 꼬리도 같은 색 양모 실로 털을 만들어 붙인다. (48쪽 사막여우 꼬리 털 붙이기 참고)

말괄량이 삐삐
원숭이 닐슨

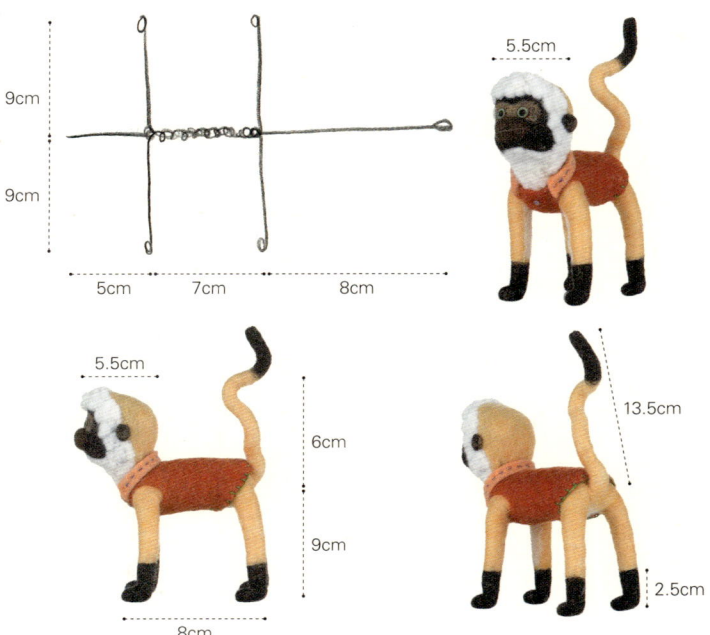

형태
뼈대 있고 네 발로 선
동물 인형(사막여우)

재료
〖 양모 〗
베이스 울
몸통 : ● 노란색 믹스
얼굴 : ● 내추럴 울 고동색, ● 진갈색,
● 연두색, ● 베이지색
귀 : ● 내추럴 울 고동색
발 : ● 내추럴 울 고동색
꼬리 : ● 내추럴 울 고동색
옷 : ● 주황색, ● 연주황색
털 : ○ 스코드 울 흰색

〖 그 외 〗
철사
미니 단추
일반 바늘과 실

순서
1 사막여우 과정 ❶∼⓫(47쪽)을 참고해 뼈대를 만들고 베이스 울을 감는다.
2 사막여우 과정 ⓬∼⓱(47쪽)을 참고해 노란색 믹스 양모로 몸통에 색을 입힌다. 발과 꼬리 끝부분은 내추럴 울 고동색으로 색을 입힌다.
3 사막여우 ㉑∼㉓(48쪽)을 참고해 머리를 만든다. 단, 닐슨의 특징적인 부분은 96쪽을 참고한다.
4 옷을 입힌다.

몸통	머리	

1 배와 다리 안쪽은 흰색 양모를 얇게 2구 바늘로 찔러 고정한다.

1 노란색 믹스 양모를 눈 주변에 깔고, 진갈색 양모로 동그랗게 덩어리를 만들어 붙여 입을 만든다. 연두색 양모를 눈 양쪽에 동그랗게 깔고 그 위에 고동색 내추럴 울을 동그랗게 붙인다. 갈색 양모로 가는 선을 만들어 테두리에 고정한다.

2 노란색 양모를 얇게 다져 원단을 만든(34쪽) 다음 머리에 씌우고 2구 바늘로 찔러 고정한다.

 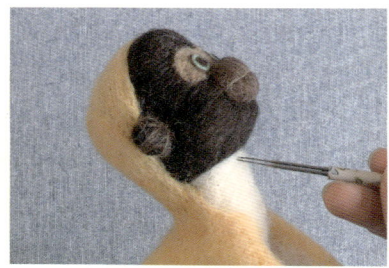 

3 ②를 머리 형태에 맞게 가위로 재단하고 5구 바늘로 잘 다지면서 정리한다.

4 ③을 몸과 연결하고 목 부분을 베이스 울로 씌운 다음 2구 바늘로 찔러 정리한다.

5 흰색 스코드 울을 둥글게 뭉쳐 머리 위쪽부터 하나씩 1구 바늘로 찔러 고정한다.

		옷
	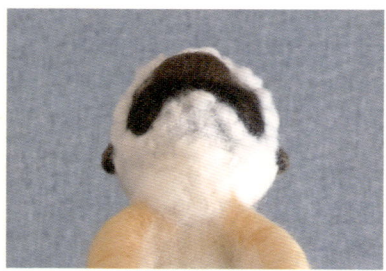	

6 턱과 목까지 스코드 울로 털을 만들어 심는다.

7 턱 아랫부분의 모습.

1 주황색 양모로 원단을 만들어 팔이 들어가는 부분에 가위로 구멍을 내고 입힌 다음 몸통에 맞게 재단한다.

 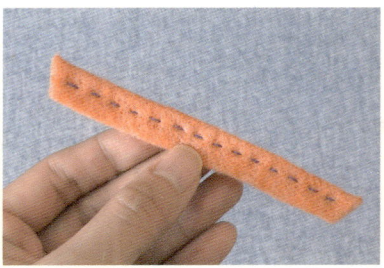 

2 옷 아랫단은 버튼홀 스티치로 바느질한다.

3 옷깃 부분은 연주황색 양모로 원단을 만든 다음 재단해 반으로 접고 홈질로 모양을 낸다.

4 ③을 목둘레에 씌우고 2구 바늘로 찔러 고정한 뒤 턱 밑에 양모를 풍성하게 붙인다.

21

오즈의 마법사
도로시

형태
뼈대 있는 사람 인형(삐삐)

재료
【 양모 】
베이스 울
몸통 : ● 살구색
얼굴 : ● 살구색, ○ 흰색, ● 검은색,
● 파란색, ● 붉은 갈색, ● 연다홍색
옷 : ● 진노란색
양말 : ● 청록색
신발 : ● 빨간색

【 양모 실 】
머리카락 : ● 갈색, ● 주황색

【 그 외 】
철사, 옷(모직 원단),
레이스, 일반 바늘과 실

순서
1. 삐삐 과정 ❶~⓯(56쪽)를 참고해 몸통을 만든다.
2. 옷과 신발을 만든다.
3. 삐삐 과정 ㊱~㊶(58쪽)에 이어 도로시 얼굴을 만든다.
4. 양모 실로 머리카락을 만든다.
5. 머리와 몸통을 연결한다.

옷과 신발

 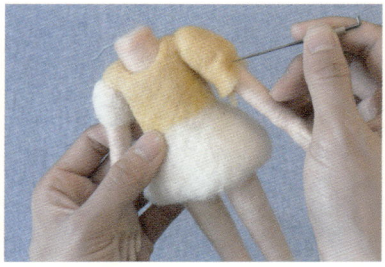 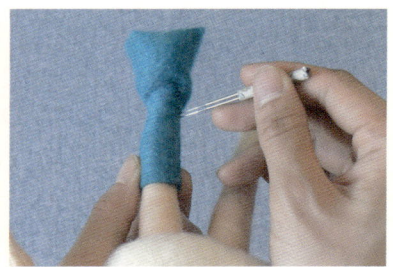

1 노란색 양모로 원단을 만들어(34쪽) 상반신에 맞춰 재단한 뒤 2구 바늘로 찔러 고정하고, 양 어깨는 베이스 울을 씌워 볼륨을 넣는다.

2 노란색 양모 원단으로 소매를 재단해 고정하고, 소매 아랫단을 1구 바늘로 찔러 풍성한 소매의 입체감을 살린다.

3 청록색 양모로 원단을 만들어 무릎부터 발까지 감싸고 2구 바늘로 찔러 긴 양말이 되게 한다.

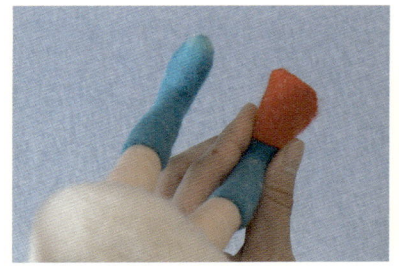 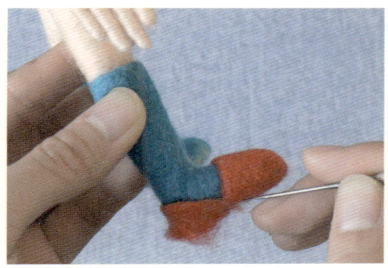 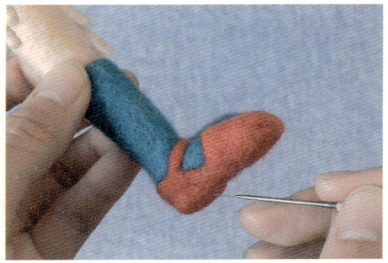

4 빨간색 양모로 원단을 만들어 발등을 감싸고 2구 바늘로 찔러 구두 앞코 모양을 만든다.

5 ④를 발바닥까지 덮고 1구 바늘로 찔러 정리한다.

6 발 뒷부분에 빨간 원단을 뭉쳐 굽을 만들고 1구 바늘로 찔러 정리한다.

7 레이스를 치마 아랫부분에 바느질로 고정한다.

8 모직 원단을 재단해서 몸통에 시침핀으로 고정한다.

9 허리 부분을 안쪽으로 접어 넣고 2구 바늘로 찔러 정리한다.

머리카락

10 치마 부분의 원단을 바느질로 꿰맨다.

11 레이스를 목둘레에 감고 바느질로 고정한다.

1 갈색 양모 실을 8cm 길이로 잘라 귀 옆에 1구 바늘로 찔러 고정하고 세 갈래로 땋는다.

2 머리 끈 자리에 주황색 양모 실을 감고 고정한다.

3 머리 끝부분을 가위로 잘라 정리한다.

오즈의 마법사
겁쟁이 사자

형태
뼈대 있고 네 발로 선
동물 인형(사막여우)

재료
[양모]
베이스 울
몸통 : ● 노란색 믹스
코 : ● 갈색
눈 : ○ 흰색, ● 고동색, ● 갈색
입 : ○ 흰색
귀 : ● 노란색 믹스, ○ 흰색

[양모 실]
갈기 : ● 노란색, ● 진노란색
꼬리 : ● 고동색

[그 외]
철사

순서
1 사막여우 과정 ❶~⓫(47쪽)을 참고해 뼈대를 만들고 베이스 울을 감는다. 단, 사자의 특징적인 부분은 102쪽을 참고한다.
2 사막여우 과정 ⓬~⓱(47쪽)을 참고해 노란색 믹스 양모로 몸통에 색을 입힌다.
3 사막여우 ㉑~㉘(48쪽)을 참고해 머리를 만든다.
4 머리와 몸을 연결한다.
5 양모 실로 갈기와 꼬리 털을 만들어 붙인다.
6 진노란색 양모 실로 발톱을 표현한다.

뼈대

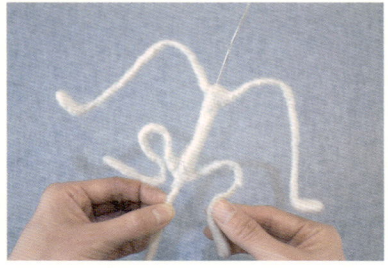  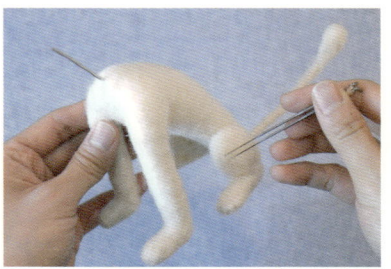

1 사막여우와 같은 방법으로 뼈대를 만든 뒤 사진과 같이 철사를 구부려 사자의 뒷다리 형태를 만든다.

2 둥글게 구부린 뒷다리를 베이스 울로 감고 2구 바늘로 찔러 덩어리를 만든다.

3 펼쳐진 다리를 안쪽으로 구부려 앉은 다리 형태로 만들고 베이스 울로 덩어리를 붙인다.

갈기와 꼬리 털

1 양모 실을 6cm 길이로 잘라 머리 위쪽부터 둥글게 돌려가며 1구 바늘로 찔러 고정한다.
tip. 노란색과 진노랑색을 적절하게 섞어가며 심는다.

2 ①의 털을 뒤로 쓸어 넘기고 가위로 다듬어 정리한다.

3 고동색 양모 실을 3.5cm 길이로 자른 다음 꼬리 끝부분에 놓고 1구 바늘로 찔러 고정한 뒤 가위로 다듬는다.

발톱

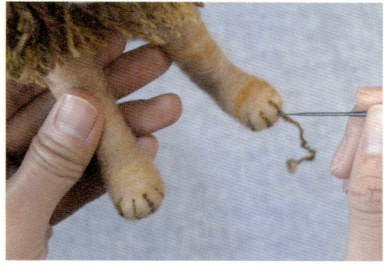

1 발등에 진노랑색 양모 실을 1줄씩 4줄을 1구 바늘로 찔러 넣어 발톱 라인을 만든다.

어린 왕자
어린 왕자

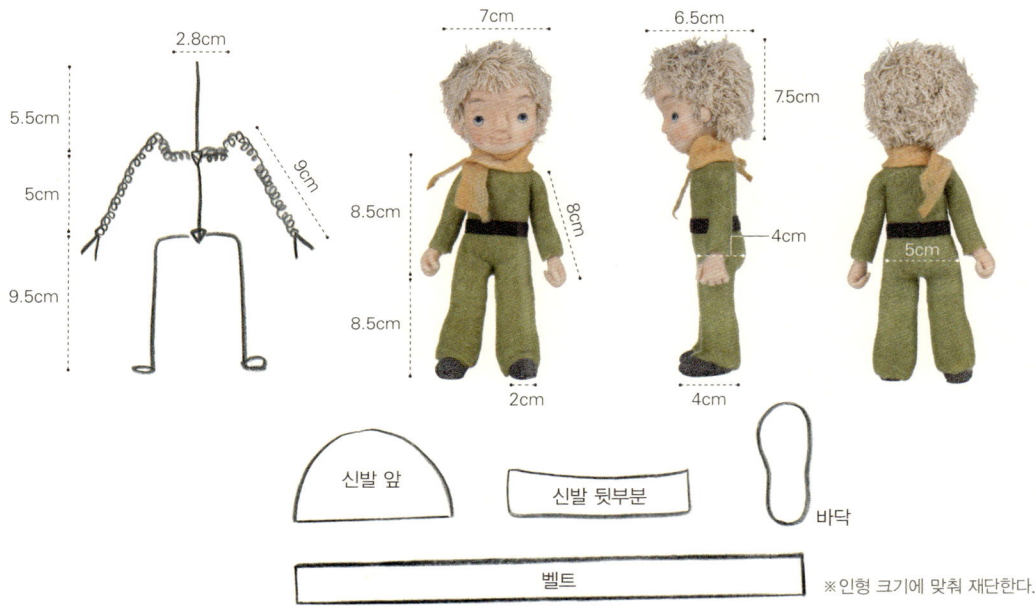

형태
뼈대 있는 사람 인형(삐삐)

재료
[양모]
베이스 울
얼굴 : 🟠 살구색, ⚪ 흰색, ⚫ 검은색,
🔵 파란색, 🔴 연다홍색
목과 손 : 🟠 살구색
옷 : 🟢 연두색
목도리 : 🟡 연노란색

[양모 실]
머리카락 : ⚪ 아이보리색

[그 외]
철사, 벨트(진갈색 펠트지),
신발(모직 원단),
일반 바늘과 실

순서
1 삐삐 과정 ❶~⓯(56쪽)를 참고해 몸통을 만든다.
2 옷과 신발을 만든다.
3 삐삐 과정 ㊱~㊶(58쪽)에 이어 어린 왕자 얼굴을 만든다.
4 아이보리색 양모 실로 머리카락을 만든다.
5 머리와 몸통을 연결한다.
6 노란색 양모로 원단을 만들어(34쪽) 목도리 모양으로 재단한 뒤 목에 감아준다.

몸통

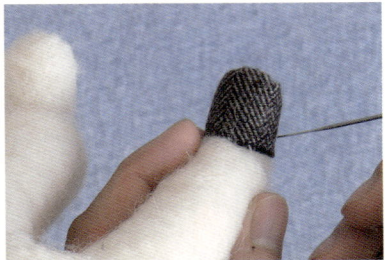

1 사진과 같이 어린 왕자의 바지와 발 부분의 모양을 살리며 베이스 울로 몸통을 만든다.

신발

1 모직 원단을 발 모양에 맞게 재단한 다음 목공 본드를 발라 임시로 고정하고 1구 바늘로 정리한다.

2 발바닥 부분까지 잘 감싸고 1구 바늘로 꼼꼼하게 찔러 고정한다.

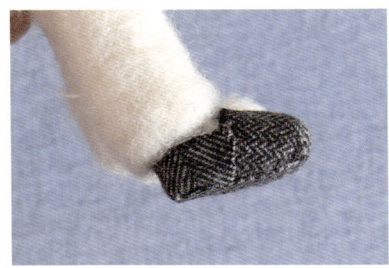

3 발바닥 크기로 재단한 모직 원단을 목공 본드로 발바닥에 붙이고 가장자리는 강력 본드로 꼼꼼하게 붙인다.
tip. 이쑤시개에 본드를 묻혀 사용하면 편하다.

4 뒤꿈치 부분도 원단을 재단해 목공 본드로 붙인다.

5 완성된 신발과 발의 모양.

옷

1 연두색 양모로 원단을 만들어(34쪽) 몸통을 감싸고 재단한다. 상의를 먼저 바늘로 찔러 고정한 다음 바지를 고정한다.

2 ①을 2구 바늘로 찔러 정리하고, 팔도 원단을 씌워 2구 바늘로 어깨 부분까지 찔러 정리한다.

3 입힌 옷 전체를 5구 바늘로 가볍게 찔러 표면을 다듬는다.

머리카락

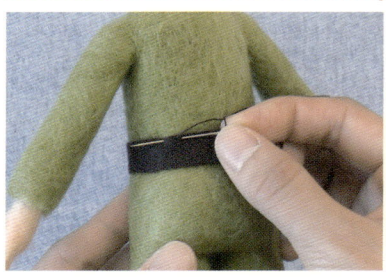

4 진갈색 펠트지로 허리띠를 재단한 다음 허리에 놓고 바느질한다.

1~3 머리 위쪽부터 선을 그은 다음 아이보리색 양모 실을 5cm 정도 길이가 되게 밖에서 안쪽으로 1구 바늘로 찔러 촘촘하게 심는다.

4 옆면의 머리 라인을 잘 살려 가위로 다듬는다.

5 정면의 머리 라인을 잘 살려 가위로 다듬는다.

· EPILOGUE ·

양모로 만드는 작은 세상,
그 매력에 빠진 나날들

어릴 때부터 만화영화와 인형을 무척이나 좋아해서 진로에 대해 고민을 할 틈도 없이 첫 직업은 캐릭터 디자이너로 정했습니다. 그 다음엔 인형으로 영상을 만드는 애니메이터로 일했고, 그림을 그리고 손으로 만드는 다양한 경험을 했지요. 하지만 내가 표현하고 싶은 느낌을 모두 살리지 못한다는 아쉬움이 늘 있었는데, 양모를 만나면서 그 갈증이 조금씩 해소됐습니다. 따뜻한 질감으로 다양한 색감을 표현할 수 있는 양모가 무척 새롭고, 빛에 따라 다양한 연출을 할 수 있어 영상이나 사진에 담기에도 너무나 훌륭했습니다. 양모에 대한 호기심이 커지면서 직장을 그만두고 본격적으로 양모 작업에 집중했습니다. 양모를 좀 더 쉽게 다루는 방법, 영상이나 사진에 양모의 느낌을 잘 드러낼 수 있는 방법도 연구했습니다.

물론 처음부터 모든 것이 쉽지는 않았습니다. 혼자 천천히 작업을 해나가면서 조급해지지 않는 인내와 끈기를 배웠습니다. 특히 〈비버와 빨간 장화〉라는 앱북 작업은 콘티부터 인형, 소품, 세트 제작, 야외 촬영과 스튜디오 촬영까지 많은 단계를 거치며 우여곡절을 겪었습니다. 그렇게 오랜 시간을 들인 끝에 2014년에 출시되어 그해 제1회 대한민국 전자출판 대상에서 대상을 받기도 했지요. 그 후 〈골디락스와 곰 세 마리〉로 두 번째 앱북을 출시했고, 앞으로도 꾸준히 이야기 콘텐츠를 만들어 가려고 합니다.

미튼 양모인형 앱북(애플 App Store)

비버와 빨간 장화
Biber and Red Boots

골디락스와 곰 세 마리
Goldilocks and The Three Bears

바늘이 콕콕콕 양모와 맞닿는 소리를 들으면 마치 요술 지팡이로 마법을 부리는 기분이 듭니다. 여러 색이 자연스럽게 어우러져 바늘과 장단을 맞추듯이 춤추고, 보드라운 양모가 어느새 하나의 덩어리로 변해가면서 동화 속 친구들이 만들어지지요. 양모인형이 사람들의 경직된 마음을 보들보들하게 해주고, 따뜻한 마음을 전하는 매개체가 되었으면 합니다. 그리고 머리가 희끗해지는 나이가 되어서도 손자 손녀에게 줄 인형을 만들면서 재미난 이야기를 들려주는 할머니로 늙어가길, 소박하지만 행복한 꿈을 꾸어봅니다.